河北省重点培育智库"河北数字经济与康旅文化产业研究院"

河北环境工程学院青年拔尖人才培育项目

我国养老产业生态位构建与评价研究

尹 凡 张亚明 刘 明 著

燕山大学出版社

·秦皇岛·

图书在版编目（CIP）数据

我国养老产业生态位构建与评价研究 / 尹凡, 张亚明, 刘明著. —秦皇岛: 燕山大学出版社, 2022.7
ISBN 978-7-81142-968-8

Ⅰ. ①我… Ⅱ. ①尹… ②张… ③刘… Ⅲ. ①养老—服务业—产业发展—研究—中国 Ⅳ. ① F726.99

中国版本图书馆 CIP 数据核字 (2022) 第 058819 号

我国养老产业生态位构建与评价研究

尹　凡　张亚明　刘　明　著

出 版 人：陈 玉		
责任编辑：李 冉	策划编辑：李 冉	
责任印制：吴 波	封面设计：刘馨泽	
出版发行：燕山大学出版社 YANSHAN UNIVERSITY PRESS	地　　址：河北省秦皇岛市河北大街西段 438 号	
邮政编码：066004	电　　话：0335-8387555	
印　　刷：英格拉姆印刷(固安)有限公司	经　　销：全国新华书店	

尺　　寸：170mm×240mm　16 开	印　　张：11
版　　次：2022 年 7 月第 1 版	印　　次：2022 年 7 月第 1 次印刷
书　　号：ISBN 978-7-81142-968-8	字　　数：170 千字
定　　价：52.00 元	

前　　言

　　《国家积极应对人口老龄化中长期规划》将应对老龄化上升为重大国家战略，如何实现满足养老需求与经济高质量发展的融合是其要解决的关键问题，发展养老产业是国家和各类社会主体的必然选择。由于基础差、起步晚、战略着力点不精准、路径不清晰、策略未形成体系等原因，我国养老产业生态系统发育不完善，各行业间的资源布局和配置逻辑不符合产业发展规律，导致一方面养老需求未得到充分释放而转化为市场需求，另一方面养老供给整体呈现低水平内卷化态势而缺少可持续发展动力，养老产业发展质量和速度均不乐观。养老产业发育不完善还表现在缺少全面准确的数据和信息，影响研究决策。生态位方法最早应用于生态环境系统研究，适用于从全局视角研究边界具有模糊性和物种行为具有多样性的系统，为研究我国养老产业提供了科学、实用的工具。养老产业生态位是其各行业种群以养老产业为生态系统，在演化过程中形成的资源占用状态和动态。通过评价养老产业生态位，准确掌握各行业种群的行为轨迹、互动关系、发展规律，对丰富管理科学与工程的研究方法有积极意义，对完善我国养老产业生态环境和精准实施优化路径、发展策略有重要现实意义。

　　以促进养老产业协调、健康发展为目标，根据系统同构性和内在逻辑一致性原则建立"产业—生态系统""行业—种群""从业主体—生物个体"对应关系，通过构建我国养老企业数据库，从生态位作用机理、演化、评价几个方面展开研究，最终从养老产业优化路径与发展策略提出系统思路与对策。具体研究内容如下：

　　（1）确定养老产业的研究界域。系统归纳、梳理国内外研究成果，分析养老需求内容与供给对象的特殊性，以供求特征为核心要素界定养老产业概念。通过国家企业信用信息查询系统对全国登记在册的涉老企业信息进行数据抓取，确定养老产业的行业分类和省域分布。

（2）养老产业生态位作用机理分析。分析养老产业作为产业生态系统所具有的一般要素、特征、规律和特殊构成，归纳其运行机理，明确养老产业生态位的资源维度。归纳养老产业生态位构建的内外驱动因素，对理想状态下的生态位构建行为和过程进行数学表达、分析内在逻辑。从现实生态位和基础生态位两个观测渠道，以宽度、重叠度与态势作为养老产业生态位水平的主要表征。剖析养老产业生态位演化驱动因素，对不同生命周期养老产业生态位的演化过程进行系统描述。

（3）我国养老产业生态位演化测度。运用探索性空间数据分析法，使用信息计量学工具对不同时期养老产业生态位集聚度和空间分布特征进行可视化呈现。建立养老产业共生演化模型，对我国养老产业行业种群生态位时间序列演化轨迹进行实证分析。通过养老产业的分布状况与演化轨迹，评析养老产业现实生态位水平。

（4）我国养老产业生态位评价。通过构建重要值模型，对养老产业行业种群生态位宽度进行测度与比较，对不同区域、不同行业养老产业资源利用状况进行实证分析；构建优化的 Levins 模型，对养老产业行业种群生态位重叠度进行测度，分析养老产业内部竞争状况；建立"态—势—能"三维评价指标体系，构建改进的突变级数模型，对养老产业生态位进行分维度、分行业评价，对各养老行业种群当前发展水平和未来发展潜力进行态势分析。以生态位宽度、重叠度、态势能的测度为基础，评价养老产业 n 维空间下的基础生态位水平。

（5）我国养老产业优化路径与发展策略。根据国家积极应对老龄化战略和我国老龄化进程的阶段性特征，结合之前评价结果，分析养老产业发展总体战略目标和各阶段具体目标。按发展瓶颈将 14 个行业分为市场约束型、技术约束型和资源约束型 3 种类型，针对不同类型的行业设计以生态位跃迁为核心内容的生态位优化路径；最终从 7 个方面提出了以国家为主体、以构建生态位选择压为目标的发展策略，从 6 个方面提出了以从业企业为主体、以适应生态位选择压为目标的发展策略。

目　　录

第 1 章　绪　　论

1.1 研究背景与意义

1.1.1 研究背景

经济增长与社会发展的同时，人口年龄结构的老化不可避免，在持续的工业化进程中不可逆转。当前，人口老龄化对许多国家和地区的投资与消费、社会公共服务、政府财政收支、劳动力市场供给等诸多方面产生了一系列深远影响，引起了社会、经济制度改革和产业集聚，成为备受关注的世界性问题[1]。

我国已于 1999 年进入老龄化社会，且程度日益加剧，如图 1-1。根据国家统计局《2019 年国民经济和社会发展统计公报》数据显示，截至 2019 年年底，我国 60 周岁及以上老龄人口数达到 2.53 亿，占总人口比重的 18.1%，其中 65 周岁及以上老龄人口 1.76 亿，占总人口比重的 12.6%。我国的老龄化进程正以

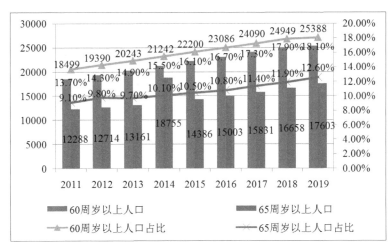

图 1-1　我国 2011—2019 年老龄化变化对比图（单位：万人）

每年新增 1000 万人的速度快速发展，预计 2021 年年底 65 岁及以上老龄人口占比将达 14%，整体步入深度老龄化社会。据世界卫生组织预测，到 2050 年，中国将有 35% 的人口超过 60 岁。我国将成为全球养老产业市场体量最大的国家。根据日本、意大利、德国等老龄化国家先行经验，人口的深度老龄化是养老产业化进程由初期步入成熟期的必要因素。因此，以基数大、增长快、结构分化明显为特征的我国人口深度老龄化将加速我国养老产业化进程。产业化与市场化对资源的配置作用，将倒逼我国养老产业的结构调整[2]。

中国老龄人口规模居世界之首，这意味着我国将支撑全球最大的养老、养生产业群，为养老产业的发展提供了重要的战略机遇期。实践证明，养老产品及服务的供给既是政府和社会义不容辞的责任，同时也可以通过产业化、市场化的形式转化为巨大的经济资源，产生强大的社会经济效益。在人口老龄化、人口高龄化、家庭空巢化的背景下，社会养老产品和服务需求总量不断增长，需求呈现多层次、多元化趋势。伴随着人口老龄化的快速发展，我国未富先老、未备先老的窘况愈益明显。现有养老资源总量不足、结构失衡、配置不合理，资源浪费，供需不均衡，造成较大供给缺口。

我国 2013 年颁布实施了《国务院关于加快发展养老服务业的若干意见》，充分发挥市场在资源配置中的决定性作用和更好地发挥政府作用，逐步使社会力量成为发展养老产业的主体，鼓励民间资本参与养老产业发展，引起了社会各界的广泛关注。习近平总书记在党的十九大报告中提出：积极应对人口老龄化，构建养老、孝老、敬老政策体系和社会环境，推进医养结合，加快老龄事业和产业发展[3]。2017 年年初，民政部等部门印发了《关于加快推进养老服务业放管服改革的通知》。同年 2 月，国务院发布了《"十三五"国家老龄事业发展和养老体系建设规划》，国务院及其各部委陆续出台了与养老产业相关的"十三五"规划、规范性政策和养老服务机构服务标准，对推进养老产业的健康良性发展具有全局性指导意义。

人口老龄化尽管首先表现为人口现象，却不断和社会经济、环境资源等各个领域交互影响，所带来的是一个复杂的系统问题，而想要解决这一系列问题，就必须将人口老龄化问题放入整个社会，统筹其与经济、科技、资源环境等各要素的关系[4]，需要超越产业自身的视角，关注整个产业生态系统。

生态位概念表征的是生物体对资源及环境变量的利用情况，每个物种在长期生存竞争中都拥有其最适合自身生存的生态位[5]。养老产业有别于一般产业，其对资金、技术、人才和服务等资源有较为特殊的需求，而其供给层面由众多涉老企业从业主体构成，几乎覆盖了我国国民经济分类全部的行业，这就为养老产业统计数据带来了极大困难，养老产业数据统计很难从传统统计行业分类中剥离出来。生态位方法最早应用于生态环境系统的研究，它所适用的领域恰恰是系统边界具有模糊性和物种行为具有多样性的场合。因此，对于养老产业这样一个方兴未艾，但是缺乏准确数据的研究对象，恰恰是极为合适的。将养老产业从业主体视为各生物体，由不同从业主体构成的行业种群有相近的行为趋向，因此，将生态位概念引入种群研究领域，可以定性及定量地描述该种群的行为轨迹与发展规律，对解释养老产业生态群落中种群之间的互动关系以及生态群落环境的适宜性等理论问题具有重要价值[6]，同时对于完善我国养老产业生态环境和养老产业行业种群发展抉择具有重要的现实意义。养老产业生态位代表着养老产业拥有、控制资源状况以及对外界环境的适应能力，生态位的高低决定了该产业在区域经济系统中获取优势资源要素能力的大小。养老产业通过不断调整生态位以及在不同生态位之间扩张与跃迁实现自身演化，其演化实质是产业内各要素与生态位因子之间的互动匹配状态以及动态变化[7]。

本书根据养老产业发展的现实需要，在界定养老产业概念和行业分类的基础上，构建了"产业—生态系统""行业—种群""从业主体—生物个体"的对应框架，分析养老产业生态位作用机理；测度养老产业生态位的时空分异状况和行业种群演化轨迹；建立生态位测度模型，对我国养老产业生态位水平进行实证分析；从市场、技术、资源生态位三个层面剖析养老产业生态位水平，并提出优化路径和发展策略。研究成果将有利于从体制和机制上促进养老产业资源的有效整合与合理配置，为通过产业创新和环境完善推动养老产业"供给侧结构性改革"和结构升级加速提供理论支持和系统对策，对如何通过业态布局促进经济增长方式转变和社会转型提出具有普遍借鉴意义的观点。

1.1.2 研究意义

1.1.2.1 理论意义

（1）养老产业的界域确定。目前尚没有形成统一的养老产业概念、行业分类等基本问题的界定，明确界定养老产业的概念，对现有养老事业、养老产业等理论做了有益探索，以问题导向对养老问题开辟了全新研究方向，丰富和发展了我国养老产业的研究领域，对我国现有养老问题的研究做了深度延伸。

（2）从生态学的角度剖析我国养老产业的系统构成与运行机理。用生态学中生态位方法，将养老产业作为一个多维生态系统，构建并阐述了养老产业生态位机理，对现有生态位理论的运用进行了拓展。提出量化研究我国养老产业的一般性理论范式，拓宽了生态位理论的应用领域。

（3）构建了养老产业生态位共生演化模型，对分析养老产业发展阶段，引导企业投资，优化养老产业结构具有理论指导作用。此外，建立了生态位占用宽度、重叠度和"态—势—能"测度模型，对我国养老产业资源利用、企业参与经营有积极的理论指导作用。

1.1.2.2 现实意义

在新常态经济背景下，养老产业因蕴含巨大消费需求及与"稳增长""调结构"发展方向高度契合，迎来了前所未有的发展机遇。但目前，我国的养老产业仍处于形成和廓清阶段，缺乏养老产业统计数据、计量研究处于空白状态，产业发展存在各环节协作不紧密、产业链带动效应不明显、资源优化配置水平不高、人才技术资金缺乏等诸多问题[8]。本书从理顺养老产业系统入手，现实意义有：

（1）界定养老产业概念，解决了养老产业概念不清、研究边界泛化的问题；通过国家企业信用查询系统进行数据抓取，构建全国养老产业数据库，解决了缺乏养老产业统计数据的现状，对于养老产业的定量分析提供数据支持。

（2）通过运用空间地理信息计量软件，对养老产业时空发展状况进行可视化呈现，准确判断养老产业行业结构、规模发展趋势及其时空存续规律，解决了现有养老行业分类模糊不清、区域分布无法统计的缺陷，有助于支持区域管理资源的合理划分，突出地区产业的发展重点，优化养老产业区域空间布局。

（3）通过绘制养老产业生态位共生演化轨迹，为政府提供一种有效的探索性分析和可视化方法，对分析养老产业发展阶段、引导企业投资、优化养老产业结构、提升发展质量和速度具有指导作用。预期研究结果将对今后一段时期内各级政府部门监控经济运行状况、制定正确发展战略提供科学依据。

（4）构建的养老产业生态位评价指标体系和评价模型，可以应用于政府产业规划、决策部门及养老产业决策机构，为政府和产业评估区域养老产业发展状况提供一种分析工具。通过对养老产业生态位的定量分析，对我国养老产业资源利用和竞争状况进行分析，对企业参与经营有积极的指导作用。

1.2 国内外研究现状

1.2.1 国外研究现状

1.2.1.1 有关养老产业的研究

在西方发达国家，人口老龄化几乎是与社会、经济同步发展，即西方发达国家随其经济社会的发展以较高的经济发展水平和缓慢的老龄化速度并驾齐驱，因而未因老龄结构的发展带来经济损失与社会动荡，实现了润物细无声的变化。对于养老产业的研究，始于世界各国人口老龄化的程度，国外大多与经济学、社会学、人口学、福利学以及公共管理学等各学科交叉融合在一起。

瑞典仅次于法国，是第二个进入人口老龄化的国家。1900 年，最早注意到老龄化问题的学者是瑞典人口学家 G. Sundbarg，他在《人口年龄分类和死亡率研究》一文中指出各国在 15 岁以下和 50 岁以上人口的比重有很大差异。"二战"后，西方各国相继进入老龄化社会，直至 20 世纪 70 年代，几乎所有欧美发达国家都已不同程度地进入了老龄化阶段，西方学者将老龄化问题在经济学领域进行了深化 [9]。1956 年，法国国立人口所所长 B. Pichat 撰写的《人口老龄化及其社会经济后果》是最早系统阐述世界人口老龄化对经济发展影响的著作 [10]。1960 年，被称为"美国老龄问题之父"的 Clark Tibbits 撰写的《老年学手册：社会经济诸方面》一书是具有开创性的老年经济学著作。

西方发达国家一般称老年人口相关的产业为"健康产业"或"银色经济"，目前已形成了一个产业生态相对完善、融资渠道宽广、运营模式多样化的成熟体系。然而，养老产业的发展绝不是将企业变为大而全的超规模系统，即便在老龄化最严重、养老需求最强烈的日本，也没有覆盖全产业链的大型企业，养老企业均靠各自吞噬细分市场而创造出较强的盈利能力。专业化程度越高，往往市场细分得越清晰。整个养老产业链多为"保险资金出资并持有＋开发企业代建＋专业养老运营商托管"的模式。国外对养老产业的研究很少针对具体某一产业，因此，利用 CiteSpace 分析工具，以"健康产业""养老产业""银发经济""老年产业"和"老龄产业"作为主题词，对检索到的 2010—2019 年发表的 1000 篇国外相关文献进行关键词的聚类分析，如图 1-2。

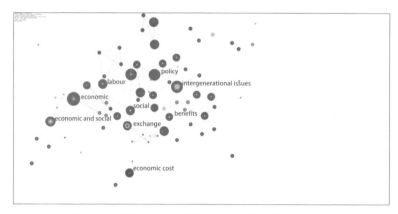

图 1-2　国外养老产业关键词中心性聚类分析图谱

图 1-2 归纳起来，主要集中于以下五个方向：

（1）老龄化问题与经济关系

一是人口老龄化对消费领域的影响研究。如美国经济学家 Peter G. Peterson、Stephan Brunow 等人均运用计量学等分析方法，研究人口老龄化对消费领域进而对经济社会发展的影响[11]。二是人口老龄化对居民储蓄的影响。如美国的 N. H. Leff[12]、美国经济学家 J. M. Clark 和人口经济学家 Joseph J. Spengler、韩国学者 Doh-Khul Kim 和 Hyungsoo Kim。三是人口老龄化对资本积累的影响。如日本学者 Aakira Yakita 应用 CGE 模型，将人口老龄化发展对公共投资的均衡增长进行了路径分析[13]。

（2）养老问题与劳动力

老龄化意味着劳动力的绝对减少和劳动人口比重的相对下降，对就业、劳动力供求、人力资本等问题产生重大影响。意大利经济学家 Paola Profeta 分析指出，老龄化对劳动力供给和社会保障发挥着多重刺激和抑制并行的作用，其中最突出的是，一方面劳动力短缺将刺激雇佣者和受雇者共同提高后者的实际退休年龄，以增加劳动力供给，从而抑制社会保障支出；另一方面老龄工作者的出现刺激劳动保护和福利支出增长，从而抑制老人的工作愿望。德国经济学家 Klaus Wohlrabe 研究发现，老龄人口比重的增加不但直接地减少适龄劳动人口，还导致对单位劳动力效用预期的普遍上升，进而推迟合格劳动者进入市场的时间，社会总体产出因而在老龄化阶段呈现持续下降的趋势。日本学者 Kazutoshi Miyazawa 关注了养老产业兴起的必然过程和其对人力资本积累的双重作用，提出老龄化事实上包含低生育率和低死亡率两种具有相反作用的因素，前者意味着人力资本积累放缓，后者则意味着家庭和个人因回报预期的增长更有投资人力资本的意愿从而推动积累，而养老产业作为一种具有多种效用需求的产业将不断发展，成为后者发挥主导作用的保障。

（3）养老代际问题与经济交换

在代际支持与经济交换方面，西方学者通过构建数学模型来对经济交换关系进行实证分析，典型的三个模型有：一是以 Willian J. Goode 为代表的权力 / 协商模型[14]；二是以 Donald Cox 为代表的互惠 / 交换模型[15]；三是诺贝尔经济学奖获得者 Garys Becker 的利他主义 / 合作群体模型。这些理论又为养老产业兴起的原因与兴办的方向提供了经济学理论支撑。

（4）养老产业的经济成本与社会效益

尽管社会养老是西方普遍接受的养老方式，多数西方学者先从比较养老模式的经济成本来分析养老的成本与社会效益问题。比如，国外一些社会组织受政府委托参与到居家养老服务中。美国的 S. S. Sharfstein[16]、墨西哥 N .L. Chappell 等人提倡社区养老[17]。此外，一些西方学者如荷兰学者 D. Peter Broer[18]、David E. Wildasin[19]均认为养老问题将会增加社会保障和社会福利的支出。

（5）养老产业与政策制度

老龄化趋势对西方国家传统社会保障制度形成了巨大冲击，其中最突出的问题是影响了年轻人的充分就业，加重了公共支出负担和社会不公平。西班牙的 Juan A. lacomba 和 Friancisco Lagos 提出以提高平均退休年龄、以养老金与就业贡献相适应为原则、以改革退休保障制度为主要内容的改革建议[20]。

养老产业的出现缓解了冲击，对经济增长起到了拉动作用，并且常与其他产业相互融合、协同发展。西方国家进而把研究焦点又聚集于"养老＋旅游""养老＋地产"与"养老＋医疗"等领域。通过近百年的研究摸索，国外学者逐渐运用计量学方法对养老问题展开实证分析，大多交叉于其他学科，对养老产业的研究逐渐深入，为我国养老产业的理论研究与实务操作起到了先导作用，有一定的借鉴价值。

1.2.1.2 有关生态位理论与应用研究

正如物种是生物学的核心概念，生态位是生态学中最基本的概念。国外关于生态位理论的研究较国内早，且研究领域宽泛，研究成果丰富，主要从生态位的理论研究、生态位的应用研究两个方面展开。

（1）关于生态位的理论研究

许多学者从不同角度对生态位下过定义，最具代表性的是 Joseph Grinnell 的"空间生态位"[21]、Charles Sutherland Elton 的"功能生态位"和 George Evelyn Hutchinson 的"多维超体积生态位"[22]。

本书梳理了国外有关生态位理论的代表性观点，如表 1-1 所示。

表 1-1　国外有关生态位理论的代表性观点

年份	作者	观点
1917	格里耶（Grinnell）[23]	将生态位的定义重点放在维持物种生存的"非生物因素"，强调的是宏观尺度的气候生态空间
1927	爱尔顿（Elton）[24]	生态位是物种在群落中的机能和地位，强调微观尺度物种间的营养关系
1934	Gause[25]	认为生态位是特定物种在生物群落中所占据的位置，并做了著名的草履虫实验，即一个群落中的 2 个物种受到同一资源的限制，便会发生竞争排斥现象
1957	哈钦森（Hutchinson）[26]	利用数学上的点集理论，提出生态位是指一个超维的空间，在这个空间中种群可以不断延续。提出哈金森二象性理论，对于区分生态位与物种分布之间的对应关系有重大意义
1975	Whittaker[27]	生态位是指物种在群落中的时间、空间位置及其机能关系或群落内一个物种与其他物种的相对位置
1978	Levins[28]	生态位不仅表示物种在环境中的空间位置，形成群落中物种的多度格局，还表示物种在环境中的适应度
2002	Shea[29]	提出了物种生态位的新定义：物种对每个生态位空间点在某一特定时空的反应和效应
2013	Kjell Toften[30]	尝试将经典的生态位理论融入当今社会发展中，进行新的整合，认为生态位即当今的利基市场
2019	Iben Vejrum Ørsted[31]	提出了物种能够在其本土范围之外占据更多的地理分布，对生境适宜性增强，即生态位扩大

（2）生态位理论的应用

自 1970 年 Whitteker 首先把生态位理论应用于植物生态学以来，Levins[32]、Carriro[33]、Neuvonene[34]、Cody[35]、Malavasi[36]、Niiyama[37]、Salick[38] 等学者分别揭示了不同区域物种与环境的必然联系，成为生态位实践应用最重要的指导思想和原则。

近年来，生态位概念逐渐在企业间竞争优化、行业关联性优化和社会经济发展中盛行。Balazs Kovacs[39] 开发了组织竞争中的生态位宽度和规模优势的衡量方法，辨析专才型企业（窄生态位）和通才型企业（宽生态位）的运行规律。Hyeonju Selo[40] 运用生态位宽度、生态位重叠度和生态位优势度三种途径来分析媒体服务竞争关系。René Bohnsack[41] 用第二代多标量多层次模型对中国汽车市场的生态位变化进行测度，最终提出汽车行业在全球低碳背景下的可持续发展对策。Geogre[42] 将生态位、生态位宽度、生态位重叠理论应用到产品市场，以衡量品牌竞争力。Ronald[43] 试图用生态位理论挖掘高等教育行业的创新要素。Clem Tisdell[44] 等论述了生态位对经济效率、经济发展和经济多样性的影响。

综上所述，生态位理论对于研究自然及社会系统中各种生物单元的地位与作用、生命系统演化和社会发展的动力机制具有重要的意义。随着近年国外学者对生态位理论与应用研究的拓展，对于非生物单元，如企业、行业、社会的系统演化与动力发展机制起到了良好的借鉴意义。

1.2.1.3 产业生态位研究

最早提出产业生态内涵的学者是 Burns 和 Stalker[45]，他们研究了市场生态位选择对产业和服务业的影响。随后，Hannan[46] 和 Lowenthal[47] 进一步借鉴产业生态的思想，认为应当借鉴生态位理念和方法，产业在发展中也应该遵循与自然环境相适应的原则。

对产业生态位的研究，主要沿着两条路线展开。一条路线是把产业的成长衰落过程比作生物体。如：Lubatkin[48] 扩展了战略管理和产业组织理论，并借鉴生态位方法解释产业之间的并购问题。Kasimoglu[49] 和 Hamarat[50] 研究产业间生态位的重叠程度及其对产业生存与死亡的影响，发展了生态位的资源分割论和生态位宽度论。Dobrev[51]通过对美国汽车行业17年间的分析，分析了群落内企业个体间的相互依存关系。Greve[52]通过对挪威保险业的研究，发现产业生态位的跃迁或变化可以降低失败风险，并且产业间的竞争压力对激励产业学习成长有正效应。Leyshon[53]借鉴生物学中的寄生和共生、共栖理论，分析金融服务领域代理商和客户之间的关系。Levine[54]从工业系统与生态系统的相关性出发，提出实施工业生态位建设的内涵和途径。此外，Cattani[55]、Lim[56]、Lebel[57]、Cardozo[58]分别运用生态位方法对美国电影业、集装箱产业，泰国水产养殖业、大学技术商业化产业进行了实证分析。

　　另一条路线是围绕着种群内产业数量与环境资源的关系展开。如Lubatkin[59]采用生态位理论研究产业内部横向兼并的效果。Dobrev[60]用生态位方法论证了组织定位取决于市场细分和产业结构的演化。Mayer[61]采用生态位方法评价了工业系统内部的可持续性。Smith[62]从生态位构建的角度分析创新研究、技术进步以及产业可持续发展面临的挑战。Salimath[63]指出种群生态位理论对于研究组织变化价值重大，且将在组织可持续性发展、与环境的融合、组织生态构建维度、组织生存层次等方面展开研究。Masson[64]认为可以借鉴生态位的思想来理解制度与细分市场之间的互动方式。Sara M等学者通过对截至2016年328篇经典文献的梳理，总结了生态位模型和物种分布模型在海洋生态系统研究尺度的应用。

1.2.2 国内研究现状

1.2.2.1 有关养老产业的研究

　　我国自1997年第一届全国老龄产业座谈会首次提出"老龄产业"的概念。2010年，我国成立了中国老龄产业协会，学术界对老龄产业的研究悄然而生。近年来，多数学者逐步采用养老产业代替前者，但与前者在概念界定上并无严格区分。随着我国老龄化的发展，养老产业的研究逐渐提高了热度。据统计，截止到2018年7月1日，在CNKI全文数据库所有83679935篇文献中，以"养老"为主题的文献总计有152425篇，含有主题"老龄产业"的文献2114篇，

"养老产业"的文献 7536 篇，表 1-2 和表 1-3 分别列出了与养老产业、老龄产业理论研究相关的主题使用频次情况。

表 1-2　养老产业理论研究相关主题使用频次排序表

排序	主题	使用频次	集中程度（%）	排序	主题	使用频次	集中程度（%）
1	机构	3033	40.2	8	保险	888	11.8
2	模式	1765	23.4	9	资源	522	6.9
3	服务业	1536	20.4	10	金融	460	6.1
4	地产	1168	15.5	11	旅游	417	5.5
5	市场	1130	15.0	12	农村	305	4.0
6	研究开发	975	12.9	13	消费	284	3.8
7	政策	951	12.6	14	生态	237	3.1

表 1-3　老龄产业理论研究相关主题使用频次排序表

排序	主题	使用频次	集中程度（%）	排序	主题	使用频次	集中程度（%）
1	市场	618	29.2	6	现状与对策	146	6.9
2	需求与消费	570	27.0	7	社会福利	92	4.4
3	政策法规	431	20.4	8	产业结构	75	3.5
4	服务业	296	14.0	9	金融	75	3.5
5	模式	182	8.6	10	比较分析	31	1.5

从表 1-2 可以看出，养老产业理论研究的热点集中于养老市场、养老消费、养老模式、养老服务业、养老政策等方面。表 1-2 有 6 个主题词与表 1-3 交叉，其研究集中程度见表 1-4。通过 SPSS 22.0 对三种集中程度进行了方差分析，结果为：$F = 0.212$，其概率 $P = 0.810 > \alpha = 0.05$，可见集中程度无显著差异。在含有"养老产业"主题的 7536 篇文献中，含有主题词"测度"和"评价"的文献仅有 3 篇和 73 篇。

表 1-4　三种集中程度的比较（单位：%）

主题	A	B	C
市场	15.0	29.2	10.0
模式	23.4	8.6	10.5
服务业	20.4	14.0	4.53
消费	3.8	27.0	16.40
金融	6.1	3.5	1.84
政策	12.6	20.4	5.52

通过对 2009—2018 年 CNKI 收录的以养老产业为关键词的 3100 篇典型文献（剔除了会议论文、报纸和学术集刊）进行梳理，借助 CiteSpace 工具，得出近年我国养老产业研究排名前六的突现词，与我国养老产业的理论研究热点吻合。其中对养老金融、养老政策以及养老服务业的研究热度增高，对养老模式的研究热度有所下降，具体见图 1-3。

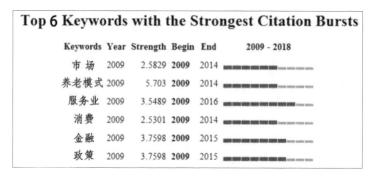

Top 6 Keywords with the Strongest Citation Bursts

Keywords	Year	Strength	Begin	End	2009 - 2018
市　场	2009	2.5829	2009	2014	
养老模式	2009	5.703	2009	2014	
服务业	2009	3.5489	2009	2016	
消费	2009	2.5301	2009	2014	
金融	2009	3.7598	2009	2015	
政策	2009	3.7598	2009	2015	

图 1-3　2009—2018 年我国养老产业研究突现词排名

利用 CiteSpace 分析工具，对近十年我国养老产业的 3100 篇文献进行关键词的聚类分析，如图 1-4。结果显示：国内学者对养老产业的研究主要集中于家庭养老、社区养老、机构养老等养老模式的供给研究，养老需求研究，养老的行业、产业划分，养老细分市场的研究，养老政策及制度变革的研究。国内学者对养老产业的研究聚类分析可以归结为以下四个方面。

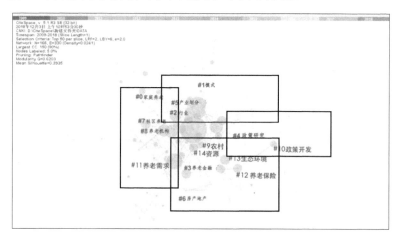

图 1-4　我国养老产业关键词的中心性聚类分析图谱

（1）养老产业主体研究

国内学者主要从供给和需求两个方面的主体展开研究。供给主体的研究主要围绕以家庭养老、社区养老和专业结构养老为主的养老供给主体。郑玉洪[65]、李晓丽与李建霞[66]、杨娟与廖义军[67]，分别对我国老龄化程度较重的成都、石家庄、武汉、郴州居家养老的供给进行调研，发现居家养老服务供给存在很大缺口，最后结合各市老年人对居家养老服务的实际需求，提出了对策建议。满文萍[68]认为我国城市社区养老服务的供给呈现碎片化现状，提出城市社区养老协同供给的建议。李加明与赵皓矾[69]、喻文雄[70]，分别对安徽省蚌埠市、湖北省武汉市社区养老发展滞后的现状，提出发展社区养老服务的建议。刘阳阳与黄颖烽[71]、黄柳[72]、王朕[73]分别对不同省市，从不同侧面分析了我国养老机构供给问题与不足，提出从供给侧着手提升老年服务的供给质量与效益。

养老产业需求主体的研究核心是老龄群体的规模、结构、分布与需求特点。马艳林、李艳杰、张贵祥[74]利用第六次全国人口普查数据，分析了京津冀地区家庭结构的变动特征，重点论证了京津冀地区老年人口的健康状况、居住方式、主要生活来源等三地养老一体化模式。聂钦宗[75]抽取了 942 位 50~59 岁的上海市准老年群体，调研了消费需求及消费潜力。

（2）养老产业市场研究

养老产业市场研究焦点主要集中于养老模式的选择、养老产业的属性界定以及养老产业行业划分。唐洁、康璇、陈睿等[76]构建综合型养老社区指标体系，探讨了综合型养老社区功能布局模式；睢党臣、彭庆超[77]提出构建"互联网＋居家养老"服务模式的实现路径；于潇、孙悦[78]提出"互联网＋养老"模式，提倡通过智能设备、线上平台及软件和线下服务圈这三大板块解决养老服务需求与供给的有效匹配。

当前，对养老产业属性的界定，学术界并没有形成统一观点。代表性的观点有四种：第一种观点认为养老产业应该划入第三产业中，如张智敏、唐昌海认为，养老产业主要为老年人提供各种养老服务。第二种认为养老产业是为老年人提供产品和服务的覆盖第一、二、三产业的综合性产业，如万本根、赵喜顺。第三种认为养老产业是从第一、二、三产业中独立出来的特殊产业。其中，养老产品、养老服务和养老产业链是养老产业的三大核心组成部分[79]，如学者张新生、龚美华。第四种观点认为不能简单地将养老产业划拨到某一具体产业，养老产业是传统三大产业的延伸和扩展，如全球养老产业研究中心认为养老产业是针对个体提供的生命保障产业，提供保持和延续生命活力的全方位、针对性服务[80]。

关于养老产业行业划分的研究，比较有代表性的有陈茗、叶妍在《我国老龄产业分类标准与产品目录研究》课题中，根据老年人的居住形式和产品或企业的同类性，将养老产业分为六类：机构养老业、居家养老服务业、养老产品制造业、养老房地产业、养老金融保险业、养老休闲与文化业，其中，养老产品制造业的具体分类如图1-5所示。吴玉韶、党俊武编著的《中国老龄产业发展报告（2014）》将养老产业划分为老龄金融业、老龄用品业、老龄服务业和老龄房地产业四大板块[81]。《2013—2017年中国养老产业投资分析及前景预测报告》将养老产业的行业内容划分为十个方面：养老服务业、老年护理服务业、养老卫生卫生保健业、老年日常生活用品业、老年金融保险业、老年房地产业、老年文化娱乐业、老年教育产业、老年咨询服务业、其他相关产业。

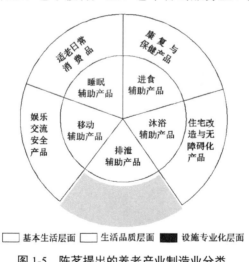

图1-5 陈茗提出的养老产业制造业分类

（3）专项细分市场研究

对养老产业细分市场的研究近年出现不断分化的趋势，专家学者站位于不同角度对养老细分市场进行解读。马敏达、马智利[82]等对国内外养老地产发展现状、客群分类、融资模式、运营模式、管理模式等作比较，进而提出我国养老地产的发展方向。宋欢[83]等对养老旅游的历史沿革、影响因素、概念界定等进行了阐述。胡继晔等[84]对养老金融的研究主要是从理论发展和实践的宏观角度进行分析，其他学者研究内容多交叉于养老地产、养老模式与养老保险。薛兴利等研究农村养老的学者主要从事业养老的角度比较投入产出效能和效率。刘春梅等对养老资源的研究则聚焦于提高家庭护理和社区护理的运行效率以及老龄人口的空间集聚。薛惠元等对养老保险研究的主要结论是打破行政区划壁垒和商业养老保险模式。此外，还有学者对专业养老机构、"候鸟式"养老以及家庭养老相结合的养老生态环境等方面展开研究，鉴于篇幅限制，不再详述。

（4）养老产业政策研究

对养老产业政策的研究一直是学者们研究的热点。钱亚仙[85]认为以准入制、等级标准制、分级管理制为核心的管理机制，以广泛筹措和吸纳投资为核心的财务机制，以专业化为核心的人才队伍建设机制是发展养老产业的必要政策。武赫[86]以"现状—问题—对策"的传统范式从 7 个方面提出了推动我国养老产业发展的政策建议。吴宾、唐薇[87]预测未来一段时期养老服务标准化建设及服务资源整合发展等主题将成为养老政策研究新的增长点。

我国对养老产业的研究，取得了一定进展，但是，在研究范围的广度、深度和研究方法的选用上仍存有不足：

第一，缺乏对养老产业基础理论的论证。研究的理论框架、研究方法和研究范式还不是很清晰，特别是在养老产业的概念、内涵、认定标准等方面仍不能形成主导性统一意见。第二，研究群体缺乏目标聚焦和梯次结构、力量分散，导致整体研究视野狭窄且片面。第三，缺乏对养老产业系统内在产业结构演化机理的分析，对这一复杂系统内各要素资源配置优化的研究无人涉及。第四，缺乏对养老产业发展对策及配套政策体系这样一种系统性、综合性研究路径和模式的探讨。第五，定量分析缺乏，以往对养老产业的分析还停留在定性探索，研究大多缺乏实证分析和定量评价，应用性和操作性较差。

1.2.2.2 生态位理论及应用研究

通过中国知网检索发现，我国对生态位理论的关注度不如国外，学术关注度指数对比如图 1-6。

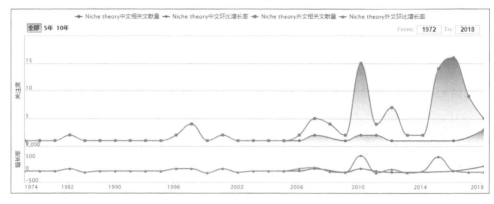

图 1-6　国内外生态位理论学术关注度指数对比图

（1）生态位理论研究

国内学者对生态位理论的研究在前人的基础上进行了拓展与延伸。代表性的观点有：刘建国和马世俊将生态位视为生态元实际或潜在占据、利用或适应的生态因子；郝锋和李医民[88]利用数学方法提出了模糊超体积生态位的概念，并对生态位的重叠体积、生态位宽度进行测度；李自珍[89]提出生态位构建是关于自然选择压改变的结果，为以后的学者用生态位选择压的思路解决组织问题提供重要参考；包庆德和夏承伯[90]对生态位的概念界定、基本理论和实践研究等成果进行了梳理。

（2）生态位理论的应用研究

国内学者对生态位理论的应用从早期以生物研究为主，逐步拓展到社会经济领域。通过对 2010—2019 年 CNKI 收录的以生态位为关键词的 1833 篇典型文献（剔除了会议论文、报纸和学术集刊）进行梳理，借助 CiteSpace 工具对生态位理论应用领域研究机构与作者进行共现分析，如图 1-7，图谱中的节点大小代表研究机构及作者的学术影响力[91]，学术影响力大的体现出来的节点就越大。笔者试图将作者与研究机构之间的关联影响程度绘制出来，但由于不同作者及研究机构相互之间联系并不紧密，基本都是作者与本单位之间有关联，体现不出不同作者之间以及作者与其他机构有明显的网络关系，因此，此处仅保留节点，不用连接线体现其联系强度。

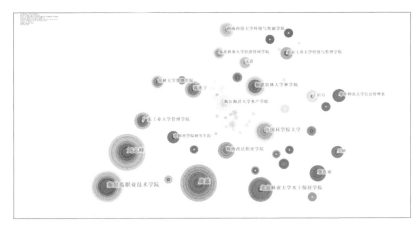

图 1-7 生态位理论应用领域作者与研究机构共现图谱

通过文献梳理，结合图 1-7 可见，中国科学院大学、北京林业大学、华中师范大学等单位在生态位理论的应用领域具有较强的影响力。其中不乏该领域的学术专家，如中国科学院大学的温可[92] 等，界定了城市生态位等相关概念，以天山北坡城市群为研究对象，根据城市生态位测度模型，测算了各城市生态位空间宽度、生态位结构变化及其相互作用关系，提出城市群持续发展策略。华中师范大学的邹春燕[93] 提出语义生态位的概念，从生态语言学视角下对汉语网络流行语进行实证分析，为网络舆情监测迈向智能化提供支持。广东工业大学的许泽浩[94] 等探讨了基于战略生态位管理（SNM）视角的企业颠覆性技术的成长过程，提出企业颠覆性技术实现产业化的五个阶段。福建农林大学的华志芹[95] 等以生态位的视角实证分析了我国生鲜零售企业的演进。秦皇岛职业技术学院刘志峰[96] 教授（发文量共计 41 篇）定义了企业品牌生态位的概念和形态表现，最终提出提高品牌生态位的策略选择。北京林业大学的李一帆等以集合论观点定义企业生态系统中的竞争关系，运用生态学 Lotka-Volterra 竞争方程对企业竞争进行分析，并提出该分析对企业竞争策略的启示。发文量较大的康蠡[97]（发文量共计 27 篇），主要从档案馆生态位的含义、模型与属性进行评价。此外，北京林业大学的张克斌教授（发文量共计 19 篇），对不同区域、不同植物生态位进行取样，通过实验法进行测算分析，对植物种群生态位水平进行评价。广东工业大学的张光宇教授（发文量共计 21 篇），通过构建生态位测度模型对不同主体进行评价。

生态位是一个既抽象又内涵丰富的生态学名词，它不仅是生态学中最重要的基础理论研究内容之一，而且日益广泛地应用于政治、经济、农业、工业等领域，并促使教育生态位、技术生态位、战略生态位、文化生态位、产业生态位等一系列专用名词产生，成为强有力的理论分析工具。

1.2.2.3 产业生态位研究

国内学者对产业生态位的研究起步时间不长，较有代表性的作者有许芳、武晓辉[98]、罗亚非[99]、蔡绍洪[100]和陈凤桂[101]。这些学者在界定产业生态位概念和特点的基础上，通过模型构建对产业生态位的竞争排斥与进化原理、产业集群的进化规律进行辨识。进而，国内研究者又将产业生态位的研究应用到具体产业、行业领域，见表1-5。

表 1-5 国内学者产业生态位的应用领域

年份	作者	应用领域
2009	强月新[102]	将生态位理论应用于传媒产业，分析了我国报纸、电视、广播、杂志和网络五大传媒产业的竞争态势及其变迁轨迹
2010	许箫迪[103]	将生态位理论应用于高技术产业，通过构建高技术产业生态位测评指标体系和测度模型，探究高技术产业的演化结构，提出高技术产业发展策略
2014	刘岩	以生态位理论测度了物流产业生态位和探究了产业成长机理
2014	郭燕青[104]	利用 Logistic 模型和生态位宽度对我国汽车产业中的资源竞争进行了定性描述和分析
2015	苑清敏[105]	提出海洋产业生态位概念，应用生态位态势理论对我国沿海 11 省市海洋产业生态位进行态势测度与评价
2017	黄丽卿	提出建筑节能服务产业生态位的概念，通过问卷调查和 DEMATEL 方法提炼出关键因子，构建了指标体系，提出提高建筑节能服务产业生态位的对策建议

1.2.3 国内外研究评述

西方发达国家对养老产业的研究多数着眼于社会福利最大化目标，侧重满足个人养老需求和提升社会总效用的平衡，主要使用经济学理论作为工具，其取得的成果特别是已经为实践所验证的理论和观点值得学习借鉴。但国体政体、国情社情、经济模式、历史文化、消费结构等方面的区别，决定了我国不能简单地复制、移植西方的研究成果，尤其是我国老龄人口的数量和增速是西方国家未曾经历的，没有可以模仿的对象，只能自力进行超前规划。我国的养老产业研究已经在研究对象、研究范畴、研究方法等方面取得了较大进步，而且起步之处就体现出方法与多学科交叉和理论成果领先于实务的特点，较好地为党政决策和企业从业提供了支持。但是，作为一个新兴的研究领域，以下关键问题还亟待进一步解决。

1.2.3.1 缺乏养老产业系统性梳理，对产业目标受众的界定模糊

我国对养老产业研究的理论框架和研究范式还不统一，特别是在养老产业的概念、内涵、属性界定、行业划分等方面仍不能形成主导性统一意见，缺乏养老产业系统性文献梳理。大多数学者对养老产业的界定将重点放在了提供的产品和服务上，而对该产业目标受众的界定是模糊的。

1.2.3.2 定量分析薄弱，缺乏养老产业系统内行业、企业的微观分析

以往对养老产业的分析大多停留在定性探索，囿于缺乏养老产业的统计数据，大多学者并未考虑过从微观角度通过科学的方法来测量养老产业市场体量，仅仅从养老需求的角度进行简单问卷调查及主观推断；虽有个别学者展开过对养老产业的微观分析，但仍缺乏对养老产业系统内行业、企业的资源布局和竞争状况的深入剖析，对这一复杂系统内各要素资源配置优化的研究无人涉及，因此，对养老产业的发展定位不精准。

1.2.3.3 对策研究角度单一，缺乏统筹政府宏观层面和企业微观层面的综合策略

目前，我国缺少建立在认知养老产业自身发展规律基础上、按照产业生态系统中的政府和企业的角色分工统筹发展路径和策略的研究，研究者大多站在如何扩大现有政策适用范围、完善现有措施施行方式的传统策论研究视角。然而在新常态经济背景下，我国养老产业的发展应随着供给侧结构性改革首先从供给方发力，因此，对于养老产业的布局与发展规划的应用性和操作性较差，从宏观政府层面和微观从业企业层面综合规划发展策略的研究不足。

1.2.3.4 用生态位理论和方法分析养老产业问题处于空白领域，属于全新命题

近年来运用生态位理论来解释企业或产业发展逐渐成为理论界研究的热点问题。关于种群生态位构建研究则属于生态位研究领域中的最新命题。国内外学者关于养老产业与生态学原理结合目前还处于空白领域，基于系统性的数据分析和定量评价研究更是寥寥无几。还没有人引入生态位概念和方法分析其对养老产业的影响。目前国内外还没有养老产业生态位评价研究的系统论著。

鉴于此，立足我国养老需求和经济社会发展实际，科学界定养老产业概念，

重点回答养老产业的基本内容问题、判别特征问题，从生态学的角度剖析我国养老产业的系统构成与机理，引入生态位的理论和模型，对养老产业行业种群的分布和共生演化轨迹进行空间测度，通过对我国养老产业进行量化分析，提供一种有效的探索性分析和可视化方法，进而科学预测养老产业的发展趋势及产业结构调整的重点，为政府决策、行业布局和企业发展提供决策参考。

1.3 研究内容与方法

1.3.1 研究内容

本书的核心研究内容如下：

第 2 章养老产业概念界定，致力于确定养老产业的研究界域。以供求特征为核心要素界定养老产业概念。通过国家企业信用信息查询系统对全国登记在册的涉老企业信息进行数据抓取，确定养老产业的行业分类和省域分布。

第 3 章养老产业生态位作用机理，致力于对养老产业生态位进行深入剖析，为下文提供方法论工具与研究框架。该部分将生态位理论引入养老产业，从生态学的角度将养老产业与自然生态系统的运行进行类比，阐述养老产业生态系统的运行机理。通过建立"产业—生态系统""行业—种群""从业主体—生物个体"的对应关系，论证养老产业生态位构建的驱动因素，进而论证从行业种群这个中观角度研究养老产业生态位的科学性和合理性。最后，阐述养老产业生态位的演化机理，为后续对养老产业生态位的演化、评价提供理论基础。

第 4 章我国养老产业生态位演化，致力于对我国养老产业现实生态位进行测度。该部分从时间和空间维度演绎归纳养老产业生态位的分布状况；通过对我国养老产业共生状态分析，建立生态位共生演化模型，对养老产业行业种群生态位的演化轨迹进行实证分析。通过信息计量学工具与 SPSS 软件将我国养老产业生态位时空分布与演化轨迹进行可视化呈现。

第 5 章我国养老产业生态位评价，致力于对我国养老产业实际生态位进行测度。通过重要值法对我国养老产业的行业种群生态位宽度进行测度；进而对 Levins 公式进行优化，构建生态位重叠度模型，对我国养老产业行业种群重叠度进行了实证分析；最终从市场生态位、技术生态位和资源生态位三个层面入手，从"态""势""能"三个维度构建养老产业生态位综合评价指标体系，运用 SEM 改进的突变级数法对养老产业生态位进行实证分析。

第 6 章我国养老产业优化路径与发展策略。该章对我国养老产业生态位提出战略目标以及不同发展阶段养老产业生态位的构建方式。根据前文养老产业生态位测度结果，针对市场约束型、技术约束型和资源约束型行业设计三种以生态位跃迁为核心的优化路径；最终提出以国家为主体、以构建选择压为目标的宏观层面发展策略，以从业企业为主体、以适应选择压为目标的微观层面发展策略。

其中，第 3、4、5 章密不可分，联系紧密。图 1-8 中，养老产业生态位作用机理分析是用生态学中生态位理论构建养老产业生态位研究框架的顶层设计，也是下文的基础；第 4 章通过养老产业生态位的时空分异与演化轨迹测度养老产业生态位空间分布及演化规律，致力于测度养老产业的现实生态位；第 5 章通过构建生态位评价模型，测度养老产业在 n 维空间的生态位，致力于测度养老产业的基础生态位。因此，第 4 和第 5 章是以第 3 章为基础，从生态位表征的不同侧面对养老产业生态位进行的实证分析，属于并列关系。

1.3.2 研究方法

1.3.2.1 文献研究法与 CiteSpace 可视化工具相结合

通过梳理 CNKI 收录的有关养老产业的文献信息，结合 SPSS 22.0 对高频词汇进行集中度方差分析，使用 CiteSpace 工具，聚焦有关养老产业、生态位理论应用领域的高频词汇和热点词汇，以准确研判国内外研究现状及趋势。

1.3.2.2 抽样调查与大数据间接推导法

采用重点与典型调查相结合，通过国家企业信用信息查询系统对全国登记在册的 70211 家涉老企业进行数据抓取，构建全国养老产业数据库作为抽样框，选取我国上市公司中养老概念股涉及的 229 家企业作为研究样本，进行评价分析。

1.3.2.3 数理统计分析法与 ArcGIS 空间统计工具相结合

利用空间地理信息系统中 Repley、K 函数与核密度估计分析法测算养老产业的空间分布，通过 ArcGIS 软件从时间和空间维度演绎归纳 40 年间全国 31 个省份养老产业的行业分类与省域分布。

1.3.2.4 种群动力学方法

养老产业由多个集聚企业、多维序参量构成[106]，针对养老产业增长特点呈现出典型 Logistic 规律，运用种群动力学方法构建了养老产业的行业种群生态位共生演化模型，对我国养老产业行业种群生态位的共生演化轨迹进行可视化呈现。此外，通过重要值法构建了生态位宽度模型；对 Levins 公式进行优化构建了生态位重叠度模型；运用 SEM 改进的突变级数法构建了生态位态势能综合测度模型，从三个角度分别对我国养老产业行业种群生态位的竞争合作关系以及发展态势进行了实证分析。

图 1-8　技术路线图

第 2 章　相关理论基础

　　国内外至今没有对养老产业的统一概念，确定养老产业的研究界域有利于我们厘清研究边界、认准主体。本章从概念界定、行业分类界定了养老产业的研究边界，通过梳理产业经济学、演化经济学、生态学和产业生态学的相关理论，重点介绍了生态位的概念、表征以及生态位构建理论，为后续内容提供理论参考和方法论工具。

2.1 养老产业

2.1.1 养老产业界定

　　发达国家在 20 世纪 70 年代起即已陆续进入老龄化阶段，在劳动力和传统消费需求减少、公共开支和治理成本增加的双重压力下，逐步由内生发展到政府引导扶植而形成了"银发产业"或"银色经济"，泛指以老年人为目标消费者的产业，并没有"养老产业"的明确解释。1997 年我国首届老龄产业研讨会提出"老龄产业"的概念，指专为老年人提供产品和服务的产业。随着养老产业逐渐成为社会焦点，有学者认为养老产业指的是单纯凭借市场调节作用，根据老年人需求进行调控与分配的产业，用以区分养老产业与养老事业。此外，中国开发性金融促进会在《国外养老产业投融资案例汇编》著作中提到，养老产业是为了满足老年人更高层次生活需求的市场化产业范畴，养老事业属于政府提供的公共服务，用于保障老年人的基本生活需求，是社会福利的范畴。

　　目前学界有关养老产业的定义尚未达成统一意见，且经常与老龄产业混淆使用，但二者基本释义并无差别。学者刘禹君认为，从广义上讲，"老龄产业"的概念比养老产业更大，它涉及一切与老年人相关的产业，包括满足老年人需求的服务设施、日常生活用品、社区服务、娱乐业等。但由于它与"养老产业"

在包含内容上高度重合，所以某些场合上，又可以通用。学者武赫给养老产业下的定义是满足老年人物质精神文化方面的需要，向老年人提供商品、服务以及各种基础设施所构成的"产业链"。经统计和调研发现，大多数老年人在退休后数年不消费或极少消费养老产品和服务，之后在总消费量中的比重才不断增长，因而任一时期内老龄人口并不与有养老需求的人口重合，多数学者采取养老产业概念代替老龄产业，以强调该产业以养老为基本价值。还有很多研究养老产业的学者避而不谈此概念，只对养老产业包含的行业进行分类。

　　由于养老产业涉及多种行业和业态，我国学术界尚未就其内涵达成统一认识。本书认为，养老产业是提供养老所需物质产品和服务的相关行业所组成的集合。这个概念的核心不在于突出养老产业的服务对象，而是强调产业的概念组成。2020年2月，国家统计局令第30号出台的《养老产业统计分类（2020）》将养老产业的概念界定为：是以保障和改善老年人生活、健康、安全以及参与社会发展，实现老有所养、老有所医、老有所为、老有所学、老有所乐、老有所安等为目的，为社会公众提供各种养老及相关产品（货物和服务）的生产活动集合。该定义与笔者对养老产业的界定是吻合的。

2.1.2 行业分类

　　养老产业是贯穿第一、二、三产业的综合性产业，具有跨社会领域、跨经济部门、多业态融合的特点。通过国家企业信用信息查询系统对全国登记在册的涉老企业进行数据抓取，截至2018年年底，利用爬虫程序共获取70211家企业数据。结果显示，登记在册以养老为经营范围的企业共涉及19个行业，其中经营范围登记为采矿业的仅有17家企业，在所有涉及养老行业中体量最小。同时电力、热力、燃气及水生产和供应业，交通运输、仓储和邮政业，水利、环境和公共设施管理业，公共管理、社会保障和社会组织等4个行业为公共行业，多为国家垄断经营，在经营过程中不专门针对老年人群，大多数是以涉老业务为辅多元业务的混合业态，总体占比微乎其微，因此本书只保留《国民经济行业分类》（GB/T 4754—2017）中对应的14个行业。图2-1描绘了我国养老产业的行业分类及占比。

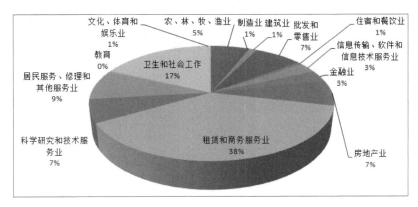

图 2-1 我国养老产业行业分类及占比

国家统计局以第 30 号令发布的《养老产业统计分类（2020）》以及《国民经济行业分类》（GB/T 4754—2017）为基础，将养老产业划分为：养老照护服务、老年医疗卫生服务、老年健康促进与社会参与、老年社会保障、养老教育培训和人力资源服务、养老金融服务、养老科技和智慧养老服务、养老公共管理、其他养老服务、老年用品及相关产品制造、老年用品及相关产品销售和租赁、养老设施建设等 12 个大类。该分类与笔者对养老产业的分类依据是一样的，所分的行业类别大致相同。

2.2 演化理论与生态系统理论

2.2.1 产业生命周期与产业成长

2.2.1.1 产业生命周期理论

1982 年，以产品生命周期理论为基础，Gort 与 Klepper[107] 根据市场中厂商数目的多少，对 46 个产品长达 73 年的时间序列数据进行了实证分析，提出了 G-K 模型，将新产品演化过程分为"进入—大量增长—平衡—衰退—第二轮平衡"五个阶段。他们认为，处于衰退期的产品已过时，需要新的技术变革，此时将产生新一轮的产品生命周期，首次建立了产业生命周期模型[108]。此后，Agarwal[109] 等学者在此基础上对产业生命周期理论进行了扩展和延伸。该理论日趋成熟完善。

产业生命周期类似于生物体的成长轨迹，它代表产业续存的过程。产业由大量提供产品或服务的企业组成，产业从形成、成长、成熟直至衰退的时间序列里，是行业的整体存在状态，而非单个企业[110]。因此，产业存续过程中公司数量和竞争情况是不断变化的，如图 2-2。

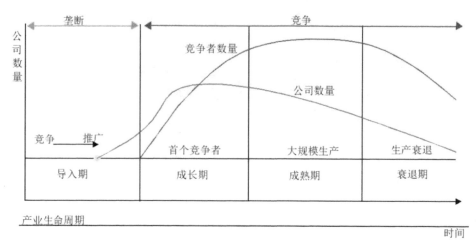

图 2-2　产业生命周期模型

传统的产业生命周期理论认为（图 2-2），一个产业的生命周期可以划分为导入期、成长期、成熟期和衰退期[111]。在产业的导入期，企业较少，资源匮乏，此时很少有竞争者涉足该领域，先进入市场的开创企业在导入期呈现"一家独大"，处于完全垄断地位，整个行业处于待推广阶段。在产业的成长期，由于利润率高、竞争较少，逐利的企业不断加入市场，公司数量快速增长，竞争者大量涌入分割市场，行业企业间展开激烈角逐。竞争加剧导致行业企业迅速占据各个细分市场，此时行业平均盈利率下降。没有竞争优势的企业逐渐被挤出市场或转行，竞争者加入的速率逐渐下降；产业的成熟期，产业内企业数量也趋于平衡，整个行业呈现大规模生产，此时的产业规模比较稳定，市场趋于饱和。产业的衰退期，企业纷纷转投更有吸引力的市场或停产，竞争冷却，整个市场萎缩，待新技术出现或变革开始新一轮产业生命周期。

2.2.1.2 产业成长理论

产业成长是在产业生命周期理论的基础上，产业存续不同发展阶段所表现出来的时空变化以及量变到质变的过程。产业的发展随着时间推移形成空间区域扩张。这期间的外在表象是产业规模、技术和组织形式从小到大、从弱到强、从不成熟到成熟的量变过程。产业的内在成长过程是产业技术创新、组织结构的优化以及产业升级的质变过程[112]。市场需求对产业成长起到拉动和导向作用，投资对产业成长起到推动作用，技术创新对产业成长有极大的支撑作用，产业政策对产业成长起到扶持作用，如图2-3。

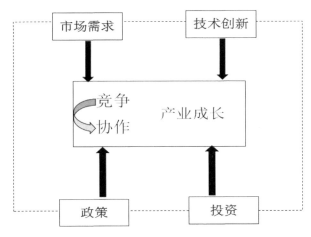

图 2-3　产业成长动力机制模型

产业经济学奠定了以"产业"这个中观层面为研究视角的理论基础。该理论为本书界定养老产业的概念，通过市场状况、竞争程度、增长潜力等因素测度养老产业生态位提供了方法论，从而为研判养老产业的发展轨迹提供了顶层设计的思路。

2.2.2 演化经济学与演化经济地理

2.2.2.1 传统演化经济学理论

为了揭示研究对象的微观动态变化，演化经济学以揭示其内在结构变化过程为目的。传统演化经济学主要涉及组织、技术和制度三个维度，如图2-4。演化经济学运用种群思想，把经济系统划分为不同属性的子系统，如技术、制度和组织等[113]，且每个子系统都是开放的。与产业经济学理论的研究视角不同，演化经济学更强调对个体或企业进行微观机理分析，辨析其动态演变和进化过程，进而对研究对象的发展趋势进行预测。

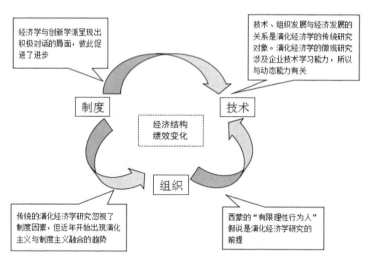

经济学与创新学派呈现出积极对话的局面，彼此促进了进步

技术、组织发展与经济发展的关系是演化经济学的传统研究对象。演化经济学的微观研究涉及企业技术学习能力，所以与动态能力有关

制度

经济结构
绩效变化

技术

组织

传统的演化经济学研究忽视了制度因素，但近年开始出现演化主义与制度主义融合的趋势

西蒙的"有限理性行为人"假说是演化经济学研究的前提

图 2-4   传统演化经济学的三个维度

2.2.2.2 演化经济地理理论

演化经济地理理论近年活跃于演化经济学领域。20 世纪 90 年代以来，该理论被应用于新产业区、新产业空间、产业集群和空间创新分析[114]。Schamp 和 Boschma 掀起了演化经济地理理论的热潮。同时，越来越多的演化经济学家也开始运用演化思想来研究产业空间问题[115]。

演化经济学理论主要致力于研究人类行为、组织结构和周围环境的互动性，以及不同组织空间的共同演化[116]。该理论认为，发生经济行为的环境和组织结构会影响其演化路径和绩效。因此，演化经济地理学为我们理解区域差异的本质来源于组织内部和外部环境提供了平台，还原组织发展的演化过程可以帮助我们更好地制定区域发展政策。

演化经济学是本书基于生态位视角研究我国养老产业的理论基石，个体的差异性、技术的多样性和创新过程的不确定性等特征为我们分析养老群体市场及决策行为带来了难度，因此，有必要从微观和中观的角度认识养老产业行为主体在时空条件下的演化路径。环境和组织结构会影响经济行为的演化路径和行为特点。因此，将养老问题放入整个环境情境，统筹其与社会、经济、科技、资源等各要素的关系，透过产业自身的视角，关注于整个产业生态系统的协同演进。

2.2.3 生态系统与产业生态系统

2.2.3.1 生态因子

生态因子（Ecological Factor）是指环境要素中一切对生物起作用的因子，是生物生存和繁衍的基础，如光照、温度、水分、氧气、二氧化碳、食物和其他生物等。根据不同的分类依据，可对生态因子进行不同的分类，如表 2-1 所示。

表 2-1 生态因子的分类

分类依据	所分类型	举例
性质	气候因子	温度、水分、光照、风、气压等
	土壤因子	土壤结构、成分的理化性质及生物
	地形因子	陆地、海洋、海拔高度、山脉走向
	生物因子	动物、植物与微生物的相互作用
	人为因子	人类活动对自然的影响
有无生命的特征	生物因子	同种或异种生物
	非生物因子	温度、阳光、水等
生态因子对动物种群数量变动的作用	密度制约因子	食物、天敌等生物要素
	非密度制约因子	温度、降水等气候要素
生态因子的稳定性及其作用特点	稳定因子	太阳辐射、地心引力等
	变动因子	四季变化等

各生态因子相互作用、相互影响，对生物起作用的众多因子并非等价的，其中有一个是起决定性作用的，生态因子对生物的作用有阶段性。生态因子对生物的行为、成长、繁殖和分布的作用可以是直接的，也可以是间接的，有时还要经过几个中间因子[117]。

2.2.3.2 生物种群

根据牛翠娟《基础生态学》释义，种群（Population）是在同一时期内占有一定空间的同种生物个体的集合[118]。该定义中，"同种生物个体"意味着种群是由占有一定领域的同种个体通过种内关系组成的群体。

学术界往往通过种群的大小、密度与种群的空间结构变化来表述种群的动态。种群的大小（Size）是一定区域种群个体的数量，也可以是生物量（Biomass）或能量（Energy）。种群的密度是单位面积、单位体积或单位生境中个体的数目。种群的空间结构是组成种群的个体在其生活空间中的位置状态或布局[119]，一般分为三类：均匀型、随机型和成群型，如图 2-5。其中，成群型分布是最常见的，其分布状态能呈现出明显的集聚形态。

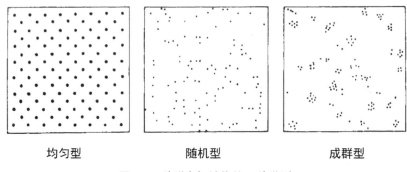

均匀型　　　　　　　随机型　　　　　　　成群型

图 2-5　种群空间结构的三种类型

2.2.3.3 生物群落

1980 年，植物生态学的创始人丹麦人 E. Warming 在他的经典著作《植物生态学》一书中，将群落定义为"一定的种所组成的天然群聚即群落"[120]。目前，生物群落比较公认的概念指的是在相同时间聚集在同一区域的各物种种群的集合。特别要注意的是，在这个定义中，首先强调的是时间概念，其次是空间的概念，即相同的区域。因为相同区域的群落会随着时间的推移，从组成到结构都会发生分异状况，所以生物群落一定是指在某一时间段内的群落。还应当注意，物种在群落中的分布不是杂乱无章的，而是有序的，这是群落中的各种群之间以及种群与环境之间相互作用、相互制约而形成的。一般用多度与密度、盖度、频度与重要值来表示种群的数量特征，以便对其进行定量分析。

2.2.3.4 生态系统

生态系统这个词语由 Tansley 于 20 世纪 30 年代最早提出。他认为，生态系统是由各种生命体与其所生存的环境构成的复合体，两者之间关系密不可分。生物、群落及其生存环境共同构成了自然世界里的一个个子系统；根据生物体所表现出的特性，Odum E. R 将生态系统划分为不同的结构体系；学者 Golley 的研究重心在于生物群体间的能量流转。他指出，各个有机物以食物链的方式在一定的生存空间内进行能量的流动和转移。此外，其他学者又在不同角度对其概念及内容进行了扩充。

综上所述，生态系统是对自然体系中所有环境元素及生物所构成复杂系统的统称，是在某一时段和范围内，生物单位和其所对应的环境所形成的，系统内各组成部分之间存在物质、能量传递关系，具有相互影响关系，能够进行自我调节的复合体。生态系统可分为环境因素和生物因素，其中，生物因素由生物个体、种群、群落构成，又可以分为生产者、分解者和消费者。环境因素主要包括太阳能、空气等无机因素和蛋白质、氧气等有机因素。随着信息、物质在生物个体、种群、群落之间的传递，形成相对应的食物链，而能量也将随其进行转化、传递。生态系统会随着环境的变化而改变，在波动中实现动态平衡，其组成如图 2-6。

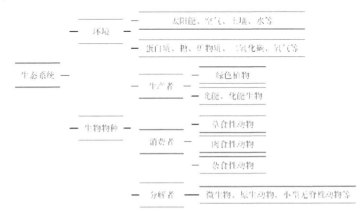

图 2-6　生态系统构成

2.2.3.5 产业生态系统理论

产业生态系统理论是以产业生态学为基础，研究产业子系统与自然生态系统之间相互作用关系及其可持续发展的理论。产业生态系统是由具有自组织能力的产业群体及其生存环境共同组成，它们按一定空间形成系统层次并维持能量参与及信息传递，是能与外界环境进行各种要素交换的动态平衡系统。随着时间的推移，其结构、状态、特征、行为、功能等会随着产业集聚和扩散发生转换或升级，其进化符合生物进化中"学习—适应—变异—选择"的一般模型。与自然生态系统相似，产业生态系统可分为产业生物因子和产业非生物因子，如图 2-7。

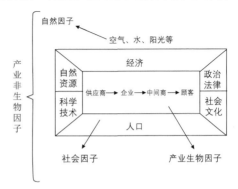

图 2-7　产业生态系统

其中，产业生物因子是由供应商、企业（同质产业群）、市场中介（包括代理商、销售渠道、销售补充产品及其提供服务的产业）以及顾客构成。这些生物因子之间构成了类似于自然生态系统中的生态链，物质、能量和信息通过生物链在产业生物因子之间进行流动。产业生态系统的非生物因子包括社会因子和自然因子。社会因子包括对产业的生存发展具有一定影响力的多种宏观要素，如政治法律、社会文化、人口因素、科学技术、自然资源、经济因素等；自然因子包括空气、水、阳光等外在资源环境，既为产业成长提供了必需的营养成分，同时也是产业生存发展的物质介质。

2.3 生态位理论

2.3.1 生态位概念与表征

2.3.1.1 生态位概念

生态位（Ecological Niche）理论是生态学中的一个重要概念，指物种在生物群落或生态系统中的地位和角色[121]。1917 年，J. Grinnell 最早在生态学中使用生态位概念，认为生态位是"被不同物种所占据的最后分配单元"，强调的是空间生态位的概念[122]。C. Elton 认为生态位是"物种在生物群落中的地位和角色"。G. E. Hutchinson 把生态位看作物种在特定环境中生存条件的选择范围，包括温度、湿度、营养等，将其拓展为既包括生物的空间位置及其在生物群落中的功能地位，又包括生物在环境空间的位置，即所谓的"n 维生态位"（N-Dimensional Niche）[123]。经众多学者不断完善，生态位理论现已在种的适合性测定、优势度分析、种间关系、群落结构、多样性等研究中广泛应用，其定量研究方法也随之不断发展。

不同学者对生态位的定义各有侧重，但达成共识的是对生态位的研究要从以测度物种分布为主的"现实生态位"和 n 维空间下的"基础生态位"共同衡量、"双面夹击"。在对生态位的长期研究过程中，不同学者提出了对生态位进行定量测定的方法，主要有生态位宽度、生态位重叠度与生态位态势等。而这些测定方法不仅可以用来分析群落间，也可应用到不同产业或行业间的应用分析中。

2.3.1.2 现实生态位与基础生态位

1957 年，哈钦森对生态位的表征引出了"基础生态位"的概念，即维持物种生存所必需的所有非生物条件的总和，它反映了一个物种的生理需求。然而由于不同物种间的相互作用，一个物种的基础生态位通常不能完全显示在特定的地理区域，因此他使用"现实生态位"来表述基础生态位在这些地理区域的反映。这对于后来大量学者通过物种分布和生态位来研究种群之间的关系有重大理论意义，也为辨析二者的区别奠定了理论基础。物种分布的地理空间，即现实生态位恰好对应生态位空间中的一个点；而生态位空间分布中的一个点，即基础生态位可能对应现实空间的多个区域，而不仅是地理空间中的一个点，如图 2-8。

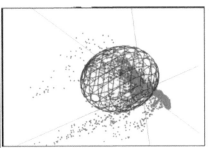

注：左图代表某物种的空间分布，即现实生态位；右图代表该物种在 n 维空间的生态位，即基础生态位。

图 2-8 现实生态位和基础生态位

自哈钦森的经典著作发表以来，有关生态位理论的研究不断增加，包括生态位的定义和概念，生态位结构的定性描述及定量模型，不同生物在生态位上的分布关系等，应用范围越来越广，在间关系、群落结构、种的多样性及种群进化研究中被广泛应用。

2.3.1.3 生态位宽度

生态位宽度（又称生态位广度）用来描述一定时空条件下，物种或种群适应环境或利用环境资源的实际幅度或潜在能力。学者通常用特化和泛化来形容生态位宽度的大小。特化形容物种生态位狭窄，如图 2-9 中的 $f_1(x)$；泛化形容生态位宽度较大，如图 2-9 中的 $f_3(x)$。不同环境条件下，两者具有不同的优劣势。如资源环境丰富时，特化种群比较有生存优势，此时，特化种群能够更好地利用、分配环境资源，减少竞争而具有较高的存活率；反之，当资源环境匮乏时，泛化种群比较有生存优势，因为泛化生物能在更广泛的生存环境中生存下来[124]。

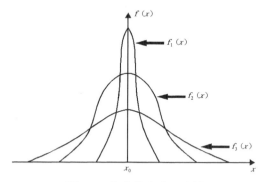

图 2-9　生态位宽度示意图

常用的生态位宽度计算公式有 Levins 公式，以及 Simpson 指数、Hurlbert 公式等，其中 Levins 公式计算如下[125]：

$$B_i = \frac{Y_i^2}{N_{ij}^2} = \frac{1}{\sum\limits_{j=1}^{R} P_{ij}^2} = \frac{\left(\sum\limits_{j=1}^{R} N_{ij}\right)^2}{\sum\limits_{j=1}^{R} N_{ij}^2} \qquad (2\text{-}1)$$

式中，B_i 表示代表生物 i 的生态位宽度，N_{ij} 表示生物 i 所需 j 资源的数量，Y_i 表示生物 i 所需的资源总量，$P_{ij} = \dfrac{N_{ij}}{Y_i}$ 表示生物 i 所需 j 资源的数量占该物种总量的比重。

R 表示物种所需资源数量的总量。

2.3.1.4 生态位重叠度

生态位重叠度用来描述多个种群或群落同时占用同一种资源或环境时，存在的相互竞争关系[126]，其简化模型如图 2-10 所示。竞争的激烈程度与这种资源或者环境要素的数量有关，当资源量丰富时，即使两个种群的生态位发生完全重合，也不会引起激烈的竞争，只有当资源量无法同时满足两种物种生存时，才会引起竞争，如图 2-10 中的种群 i 和种群 k。当资源数量严重不足时，必然引起激烈竞争。由此可知，生态位的重叠并非一定会引致种群间的竞争，但存在竞争时，则说明种群的生态位必然有重叠现象。

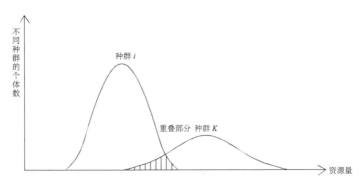

图 2-10　生态位重叠简化模型

常用的生态位重叠度计算方法有 Levins 公式、Petraitis 公式[127]、Schoener 公式等，其中最常用的 Levins 计算式如下：

$$a_{ik} = \frac{\sum_{j=1}^{n} P_{ij} P_{kj}}{\sum_{j=1}^{n} P_{ij}^2} \qquad (2\text{-}2)$$

式中，a_{ik} 是指种群 i 和种群 k 的重叠度，P_{ij} 和 P_{kj} 分别是指种群 i 和种群 k 利用资源环境要素 j 的比例，n 是指生态位的资源种数。

2.3.1.5　生态位态势理论

生态位态势理论中的"态"是对群落现有状态的描述，是过去成长的结果，变化趋势呈"S"曲线；而"势"则代表物种或群落对所处环境和资源的支配力、协调力的描述，对应的则是"钟形"曲线。生态位态势理论中的态和势是任何生物物种都具备的自然属性[128]，针对某一群落，其生态位即是一定时空下态和势的综合，计算公式如下：

$$N_i = (S_i + A_i P_i) / \sum_{j=1}^{n} (S_j + A_j P_j) \qquad (2\text{-}3)$$

式中，N_i 代表物种 i 的生态位的态势，S_i 表示物种 i 的态，P_i 表示物种 i 的势，S_j 表示物种 j 的态，P_j 表示物种 j 的势，A_i 和 A_j 则是量纲转换系数。目前，生态位的态势理论被广泛应用于各研究领域。

生态位理论是生态系统理论的核心理论之一，养老产业系统与自然生态系统的相似性，说明利用生态系统理论分析探讨养老产业的可行性与合理性。生态位理论的测度方法为本书构建养老产业生态位提供了方法论工具，为研究我国养老产业生态位问题提供了科学的理论范式，并且为我国养老产业生态位构建与评价提供了合理、可行的方法。

2.3.2 生态位构建

自从 1996 年学者 Laland 和 Odling-Smee 提出生态位构建概念以来，种群生态位构建与其进化机制的研究已成为生态位领域的新命题[129]。该理论强调生物种群不是被动地接受生态环境待于其中，而是主动地改造生态环境。有机体对小型生态环境的主动改造能够改变自身的选择压力，因此，每个有机体都可能成为自身进化的工程师。生态位构建在本质上是一个反馈的过程，这种反馈能带来进化上的重要意义。目前，生态位构建理论已被运用到产业、建筑、企业、人力资源等管理科学领域，为这些领域的生态位研究开辟了新的视角和疆界。

关于种群的生态位构建研究则属于生态位研究领域中的最新命题。生态位构建理论强调了进化过程中自然选择压力与生态位构建的共同作用，扩展了现有的进化思想，同时也为种群适应性的研究、解释不同尺度上的管理学问题提供了新颖的理论依据。

2.4 信息计量学

2.4.1 CiteSpace 可视化分析

CiteSpace 是美国雷德赛尔大学信息科学与技术学院的陈超美博士与大连理工大学的 WISE 实验室联合开发的科学文献分析工具。主要是对特定领域文献进行计量，以探寻出学科领域演化的关键路径及知识转折点。CiteSpace 的设计理念一方面源于以托马斯•库恩的科学革命的结构、普赖斯科学前沿理论、博特的结构洞理论和信息觅食理论为基础的哲学角度，另一方面源于某个科学领域中的施引文献群组、某个学科领域中相对于研究前沿文献集的所有前期文献集合、引文分析、信息可视化为基础的概念模型。近年来，越来越多的学者用该方法进行文献梳理，以知识图谱的方式进行形象表达，可以直观捕捉相关研究领域的热点话题、重要学者和研究机构，还能展示出特定时间跨度内新研究话题的突然激增情况。

本书运用该方法对国内外研究现状进行文献梳理，通过绘制突现词分析、聚类分析以及作者与研究机构的共现图谱，观察国内外养老产业、生态位应用领域的研究趋势或动向，并以可视化的方式加以呈现，对二者进行全面客观的分析。

2.4.2 ArcGIS 空间统计分析

自 1981 年 Esri 开发出了 ARC/INFO 1.0 以来，GIS 软件被广泛地应用于空间分析领域。ArcGIS 空间统计分析是以区域化变量为基础，借助变异函数，研究既具有随机性又具有结构性或具有空间相关性和依赖性的一门科学。通过该方法可以很好地将数据分布的区域、数据点的位置以及数据点位置的相关值以空间地图的形式直观地体现出来。其内容包括多个工具包，有：分布特征分析（集中分布、分散分布特征）、分布模式分析（集聚或分散位置和程度）、空间关系建模（空间回归）。利用 ArcGIS 软件的多距离空间聚类分析工具，对百度坐标拾取软件以及 Google Earth 坐标查询等软件加入经纬度坐标以转换为空间数据，最终构建我国养老企业空间数据库。

2.5 本章小结

本章界定了养老产业的基本概念，通过国家企业信用信息查询系统对全国登记在册的涉老企业信息进行数据抓取，根据《国民经济行业分类》（GB/T 4754—2017），将养老产业划分为农林牧渔业、制造业、建筑业等 14 个行业。此外，本章介绍了相关理论基础，重点介绍了生态位概念、表征和生态位构建理论。可见，该理论在种间关系、群落结构、优势度分析等研究中广泛应用，其定量研究方法集中在生态位宽度、生态位重叠度与生态位态势测度三个方面。生态位构建理论已被运用到产业、企业、人力资源等管理科学领域，其中，种群的生态位构建研究则属于生态位研究领域中的最新命题。这些理论和方法成为后文重要的参考和工具。

第 3 章　养老产业生态位作用机理分析

人口老龄化尽管首先表现为人口现象，却不断和社会经济、环境资源等各个领域相互作用，所带来的是一个复杂的系统问题，而想要解决这一系列问题，就必须将人口老龄化问题放入整个社会，统筹其与社会、经济、科技、资源、环境等各方面的关系，需要超越产业自身的视角，关注于整个养老产业系统，因此，有必要对养老产业进行生态位理论构建。本章将生态位理论引入养老产业，将养老产业与自然生态系统的运行进行类比，建立产业—生态系统、行业—种群、从业主体—生物个体的对应关系，论述了应用生态位理论的科学性和合理性，依据该理论的主要概念和观点对养老产业生态位基本范畴予以阐释。在养老产业生态位构建过程中，本章重点论述了生态位构建与演化机理，提出养老产业的发展必须遵循生态位演化规律，及时调整生态对策，克服产业行为在应对环境变化时的障碍作用，以实现健康发展的长远目标。

3.1 养老产业生态系统运行机理

正如第 2 章所述，生态系统由无机环境和生物群落两类基本因子构成，前者包括光、水、温度、地质地理、气候气象、化学成分等，后者由生存于环境中的各类生物种群组成，物质和能量既在前者和后者之间传递，也沿食物链在不同生物间传递，从而将两类因子贯穿为统一整体，其中生物群落按其在物质和能量传递中的作用可分为生产者、分解者、消费者三种类型，生产者和分解者是生态系统的必要类型，消费者是非必要类型。

生态系统运行机理体现在以下五个方面：

（1）无机环境在生态系统形成和发展中发挥决定性作用，物质丰度和能量密度是能否产生生物进而形成生态系统的基础条件，物质和能量的存在形式是决定生物产生方式和进化路径的主要条件，物质和能量的数量、形态变化是物种淘汰和进化的主要原因。

（2）生物和生物群落具有能动性，一方面依托无机环境按照"学习—适应—变异—选择"的模式生存繁衍和进化，另一方面对无机环境的具体形态具有反向塑造作用。

（3）生态系统具有开放性，与其他类型的物理系统和生态系统可以进行物质、能量、信息交换，影响生物的进化和其对无机环境的塑造。

（4）生态系统具有自组织功能，生物群落会在繁衍本能驱使下自发地尽可能充分利用无机环境的物质和能量，从而使生态系统发生由简单到复杂、由混沌到有序、由随机到稳定的变化。

（5）生态系统是耗散结构，能量在传递过程中逐级递减且不可逆，在失去外部物质和能量流入的情况下，生物群落将趋于消亡导致系统崩溃。

3.1.1 养老产业生态系统构成

从生态学角度来看，养老产业既是作为复合生态系统的人类社会的一部分，也是相对传统人类生产、生活模式更具有后工业化特征的子系统。从管理学角度来看，养老产业是传统产业在养老生产服务领域的专业化延伸，其随老龄人口存在和变化而发展的生命周期与自然生态系统的演进过程形成同构。因此，养老产业生态系统构成、运行机理与普遍意义上的生态系统是相同的。养老产业生态系统由基础环境和从业主体两类组成部分构成，在功能上分别对应于生态系统的无机环境和生物群落，如图 3-1。

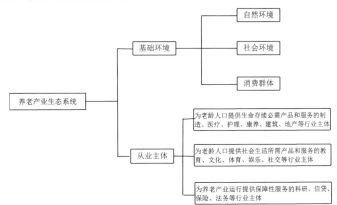

图 3-1　养老产业生态系统构成

基础环境包括三个主要类型，一是自然环境，即养老从业活动所处的无机环境和其中非人类生物活动的动态系统；二是社会环境，主要包括政策法律、历史传统、社会文化、经济水平、科技储备等；三是消费群体，即通过市场活动获取养老产品和服务的老龄人口和其需求结构。从业主体包括三类主体，一是为老龄人口提供生命存续必需产品和服务的制造、医疗、护理、康养、建筑、地产等行业主体；二是为老龄人口提供社会生活所需产品和服务的教育、文化、体育、娱乐、社交等行业主体；三是为养老产业运行提供保障性服务的科研、信贷、保险、法务等行业主体。养老产业系统同样存在着物质—能量传递机制，表现为土地、资本、科技、信息、劳动力、职业经理人等生产要素在社会环境和从业主体之间、从业主体相互之间的传递，传递的驱动力源自对自然环境和社会环境的主动适应，直接表现为对消费群体所提供的利润追求。

3.1.2 养老产业生态系统运行特点

与生态系统相比，养老产业系统的运行机理同样包括五方面主要内容，也存在其独有特点：

（1）基础环境因子对系统的形成和发展起决定作用，但从业主体因子的产生和方式、路径同时取决于主体的决策。

（2）从业主体因子具有主观能动性而不仅仅是能动性，体现主动选取进化策略和有目的地对环境进行反向塑造。

（3）养老产业生态系统具有高度的开放性，其他产业的发展和生产要素的进步必然推动从业主体和系统的整体发展。

（4）养老产业生态系统的自组织功能服从于经济规律，存在着生产要素配置的均衡状态，在生产要素充裕的情况下有不断进行结构升级的趋向。

（5）养老产业生态系统作为耗散结构，只有在其平均利润率高于其他行业利润率的情况下才能吸引生产要素流入，否则将会因为生产要素的流出萎缩乃至消亡。

3.2 养老产业生态位构建机理

3.2.1 从业个体存续需求内因驱动

以自身名义从事养老生产服务活动，独立行使相应法定权利、承担相应法定义务的公司、合伙人、个人等从业主体，是养老产业生态位构建和选择的最小个体，可抽象视为生态系统中的生物个体。个体存续需要以基础环境和生产要素作为资源，分别由生态系统中的基础环境和从业主体两类基本因子供给。两类资源的基本构成、主要代表和其所满足的典型个体存续需求如表 3-1。

表 3-1　养老产业资源类型及构成

资源类型	基本构成	主要代表	典型需求
基础环境	自然环境	空间	从事各类养老活动
		空气、光照、水质、气温、湿度、地形气候	从事旅游、康养、医疗等活动
		微生物、植物、动物	从事旅游、康养、食品生产、医药制造等活动
		特殊矿产和微量元素	从事康养、食品生产、医药制造、设备制造等活动
	社会环境	政策法律	从事实行市场准入制或需要财政补贴的活动
		历史传统	从事涉及社区养老、机构养老的活动
		社会文化	从事涉及金融、房产、教育、护理、文化、体育、娱乐、临终关怀的养老活动
		经济水平	从事涉及金融、房地产、建筑、商业、交通运输、医药和器械研发与制造、日常服务的养老活动
		科技储备	从事涉及智慧养老、教育、文化、高科技产品研发的养老活动
	消费群体	老龄人口规模	从事各类养老活动
		老龄人口消费能力	从事各类非以维系生命为目的的社会生活养老活动
		老龄人口结构	从事涉及机构养老、老年多发疾病医疗、失能失智护理的养老活动
生产要素	土地	土地	从事需要以固定地点为生产经营地的养老活动
	资本	资金、设备	从事需要较大资金投入的养老活动
	科技	科技	从事科技密集型、创新型养老活动
	信息	信息	从事分众化、定制化服务养老活动
	劳动力	劳动力	从事服务、护理、心理咨询、教育、文化养老活动
	企业家才能	职业经理人	从事涉及平台构建、服务创新、资源整合的养老活动

3.2.2 行业种群繁衍需求内因驱动

视同为生物个体的从业主体在规模、治理结构、市场份额、业内影响力等方面存在巨大差别，不具有同种生物个体间的高度同质性，对其他主体和环境的影响力也存在巨大差异，因此以从业主体为单位研究生态位构建无法还原构建方式的一般性。应当沿用生态学的研究思路和方法，以生物种群单位作为生态位构建的基本单位。生物种群是在同时存活于一定时空内同种生物的个体集合。经查询国家企业信用信息系统，各国民经济行业均有企业陆续进入养老市场，在产品和服务形态发生变化的同时仍保留原行业基本属性，与生物基因突变继而因自然选择发生物种分化过程的初期表征一致，可视为临域性物种形成机制作用下的过渡物种，即已经因产品和服务消费对象的不同与原行业在外部环境适应性方面有所区分，但尚未发生类似生殖隔离的行业生产要素结构不兼容现象。因此可以按国民经济行业分类标准将养老从业主体分为行业种群。因为同行业种群具有经济活动同质性，其内部从业个体在资源需求和获取途径上趋同，与其他行业种群形成明显区别，这构成了行业种群生态位构建的基础。

资源数量和结构对行业种群构建生态位的决定作用，主要包括四个方面：

（1）低于从业主体所需最小量的资源因子，称为利比希最小因子，是决定其行业种群时空分布的根本因素，如在资本和劳动力充裕的条件下，过低的人工智能技术储备导致社区养老服务无法开展。利比希最小因子决定了是否能构建生态位和生态位占用单类资源因子的下限。

（2）超出从业主体所需而导致行业种群不能存续的资源因子，如过量的土地供给导致养老机构设立分散而不能产生规模效益，过量的资本供应导致养老金融企业转投同时准入门槛和回报率都更高的其他行业，是行业种群时空分布的限制因素，称为限制因子。限制因子决定了生态位占用单类资源因子的上限。

（3）其他资源因子对利比希最小因子功能具有一定的补偿作用，行业种群在一定时间内对限制因子具有耐受性、对环境变化有反馈迟滞、对原从业活动有行为惯性，不同资源因子的相互作用会导致因子数量消长或影响增减，同一种群内的从业个体在生态位内持续进行最有利位置的竞争，这四种作用使得行业种群存在着以利比希最小因子和限制因子为边界，存在一定程度上下浮动的耐受限度。对不同资源因子的耐受限度决定了生态位占用各类资源因子的结构。

（4）耐受限度的存在决定了每一个行业种群对其所需的每一资源因子都存在耐受范围，称为生态幅；生态幅中资源因子耐受度上下限之间的范围称为生态幅宽度。不同资源因子生态幅宽度的总量决定了生态位占用各类资源的总量，即生态位宽度。

3.2.3　产业发展需求外因驱动

我国处于老龄化社会初级阶段，养老产业供给侧相对于需求侧有一定适应性，主要体现在：第一，分散化、同质化模式下的供给规模与市场不饱和条件下的需求总量基本适应；第二，低专业化水平内容为主的供给结构与发育层次低需求结构基本适应；第三，微创新和业态混合为主的供给增长形式与高同质化的需求特征基本适应。同时，供给侧不适应需求侧的问题也很突出：第一，集聚化的大型供给实体缺位导致对老龄化高峰准备不足；第二，专业化、差异化供给内容的缺位导致对高层次需求增长准备不足；第三，体系化创新能力的缺位导致对产业结构升级准备不足。

我国养老产业发展主要由工业化、市场化、社会转型和政策演变四种因素驱动。工业化一方面产生了支撑养老社会化的经济剩余和生产服务体系，一方面持续地将农业人口转变为工业人口从而形成了脱离自给自足养老模式的养老产业消费者群体。市场化不断扩大市场经济整体规模并不断催生新的细分市场，同时加大了传统产业竞争压力和养老市场引力，使得传统行业业务向养老产业析出，传统行业主体自原行业剥离转入养老产业，新兴业务和新从业主体在养老产业内产生。社会转型把工业化对自由独立社会个体的塑造延伸到私人生活领域，削弱了家庭养老的作用，也减少了老人协助子女家庭的道德义务，降低了老龄群体对家庭养老的依赖性和心理预期，将传统家庭的养老功能分散到各养老行业。政策演变一般通过规范从业主体、消费主体、市场管理者三方关系引导，激励和保障产业发展，由于我国工业化、市场化、社会转型进程均为政策主导，所以政策对养老产业发展势能发挥集聚、疏导、释放等作用。上述四种因素的驱动强度、机制及其相互作用决定了养老产业的市场格局，其中发展最快且市场体量最大的制造业、房地产业、服务业、旅游业四个行业，分别集中体现了以工业化、市场化、社会转型、政策演变为主的驱动作用，反映了格局的基本维度。

3.2.4 养老产业生态位构建

养老产业具有许多与生物相似的特性，包括竞争性、共生性、寄生性，等等，这决定着其在区域经济发展中会不断经历与生物种群相类似的演化过程。养老产业生态位是其各行业种群以养老产业为生态系统，在演化过程中形成的资源占用状态和动态。养老产业生态位的形成，以从业个体的利润追求为驱动，通过市场竞争中的优胜劣汰完成对产品、服务、科技、组织模式、生产经营方式、业态等的筛选，通过知识外溢将上述因素的典型优势性状扩散至同类个体，从而实现行业种群的规模扩大和内涵迭代，与生物种群因个体基因突变、产生优势性状、突变基因发生扩散的历程和机制高度一致，区别在于前者生态位的形成是主动选择和有意识竞争塑造的结果，后者生态位的形成是外部环境对有利遗传性状无意识筛选的产物。由于在具体的时空范围内，养老产业占用资源的结构和规模是有限的，潜在可用资源的结构、规模、汲取渠道也是相对稳定而可测度的，因而通过发挥相关主体的主动作用实现各行业种群生态位的优化，保障养老生态系统内资源的最优配置是实现个体、种群和产业协同演化的最关键问题。养老产业在长期生存竞争中拥有最适合自身生存的时空位置及与其他产业之间的功能关系，其生态位既体现了该产业内部产业间的关系、与其他产业的联系，也反映了与其外部所处环境的互动关系，其本质是指养老产业在特定尺度下特定产业生态环境中的职能地位。生态位高低决定了养老产业在区域经济系统中获取和配置优势资源和生产要素等综合能力的大小。

养老产业生态位与生物生态位最大的不同在于：生物生态位是被动自然选择的结果，相对来说比较稳定；养老产业生态位则是由主动选择和竞争行为所决定的，经常发生变动。产业生态位是产业竞争实力的重要标志之一。养老产业生态位不仅表现为一种企业"扎堆"或聚集现象，更重要的是表现为聚集企业间存在的内在有机联系，并与环境能互动适应的有机组织或"生态群落"。

各行业种群组成的养老产业群落与其外部环境构成复合生态系统，其市场越开阔，从业主体数量越大，供给的效用越丰富，业态越多样，空间和行业分布越均匀，即生态位宽度越大，稳定性越强。拓展生态位宽度因而成为行业种群的基本行为目标和动力。

生态位构建是对资源因子进行创建、修复、选择、使用、破坏的能力和过程，分为正生态位构建和负生态位构建，前者提高种群存续适宜度而后者降低种群存续适宜度。尽管作为行业基本单位的企业具有事实上和法律上的自主意志，但与自然生态系统相同，选择生态位构建方式的主体是行业种群而非企业个体。其一，从资源因子共时性占用角度看，在非垄断市场中，单个企业对资源维度的选择不具有代表性，唯有多数企业或占据主导地位的部分企业所采取的相同策略选择才能确定该行业种群的基本资源维度也即生态位；而在垄断市场中，少数垄断企业的行业影响力使得其策略选择成为本行业种群的生态位构建行为，超出了企业自身行为的作用范围。其二，从资源因子历时性占用角度看，单个企业对资源维度的选择不具有稳定性，无法反映所处行业的典型需求，唯有行业种群才能在较长时期稳定地占用某些资源因子，从而形成其生态位。其三，从作为宏观行为的资源因子供给角度看，资源因子由其他产业进入养老产业，又在养老产业内部再次配置，供给方获得稳定收益的最佳策略是针对行业的典型需求而非单个企业的具体需求提供资源，从而为行业种群生态位的形成奠定了基础。

3.2.4.1 一类行业种群生态位构建

一类行业种群生态位构建适合使用 Levins 斑块模型进行研究，基本形式为：

$$\frac{\mathrm{d}p}{\mathrm{d}t} = cp(1-p) - ep \tag{3-1}$$

式中，p 为养老产业行业种群占用某一资源在总资源中占用的比例；参数 c、e 分别为时间 t 内的从业主体平均增长率和平均衰亡率。方程的非零平衡点 $\bar{p} = 1 - \frac{e}{c}$，当 $c>e$ 时是全局稳定的。

由于养老产业行业种群生态位构建能力与占用资源能力正相关，且在现实条件中资源具有消耗性，资源动态可由以下方程表述：

$$\frac{\mathrm{d}R}{\mathrm{d}t} = ap - \beta R \tag{3-2}$$

式中，R 为可供使用的资源总量；α 为生态位构建系数；β 为资源消耗率。此时考虑资源总量决定涉老行业所能容纳的从业主体数量，则在理性选择条件下后者与前者具有函数关系，于是有：

$$c = c'R \tag{3-3}$$

式中，R 为涉老行业资源总量与从业主体数量的相关系数。根据零等倾线和李亚普诺夫定理，得出一类养老产业行业种群构建和持续占有生态位的必要条件：

$$a > \frac{4\beta e}{c'^2} \quad\quad\quad (3-4)$$

欲使任意条件下 $a>0$，则 β 和 e 必须无限趋近于 0，这就意味着一类行业种群构建生态位主要取决于尽可能少地减少从业主体衰亡或确保衰亡的从业主体尽可能少地消耗资源。

3.2.4.2 两类行业种群生态位构建

两类行业种群构建生态位与一类种群构建生态位最大的区别，在于两者共生地同时不可避免地对养老产业资源产生影响，进而影响对方的存续适宜度，符合 Tilman 竞争模型，先进行养老产业生态位构建的行业种群 A 有：

$$\frac{\mathrm{d}p_1}{\mathrm{d}t} = c_1 p_1 (1 - p_1) - e_1 p_1 \quad\quad\quad (3-5)$$

式中，p_1 为第一类养老产业行业种群占用某一资源在总资源中占用比例；参数 c_1、e_1 分别为时间 t 内的涉老从业主体平均增长率和平均衰亡率。后进行生态位构建的养老产业行业种群 B 首先受到来自行业种群 A 的先发影响，有：

$$\frac{\mathrm{d}p_2}{\mathrm{d}t} = c_2 p_2 (1 - p_1 - p_2) - e_2 p_1 p_2 - c_1 p_1 p_2 \quad\quad\quad (3-6)$$

式中，p_2 为后进行养老产业生态位构建的第二类行业种群在某一资源位中占用资源比例；参数 c_2、e_2 分别为时间 t 内涉老从业主体的平均增长率和平均衰亡率。当行业种群 B 完成生态位构建后，行业种群 A 在动态博弈中同样进入公式（3-5）所表达状态。假设行业种群 A 具有更强的资源获取能力，则行业种群 B 在构建生态位时需要首先考虑自身策略对资源的影响，模型形式为：

$$\frac{\mathrm{d}R}{\mathrm{d}t} = ap_2 - \beta R + \gamma \qu\quad\quad\quad (3-7)$$

式中，R 为可供使用的资源总量；α 为生态位构建系数；β 为资源消耗率；p_2 为后进行养老产业生态位构建的第二类行业种群在某一资源位中占用资源比例；γ 为排除行业种群影响的资源恢复能力系数。当行业种群 B 未进行生态位构建时（$\alpha=0$，$\beta=0$），时间 t 内资源总量 R 的变化完全取决于其自我恢复能力。当行业种群 B 构建生态位时，有三种可能性决定其与行业种群 A 的关系和双方策略，即不存在 B 时 A 有最佳生态适宜度、与 B 竞争时 A 有最佳生态适宜度、与 B 共生时 A 有最佳生态适宜度。行业种群 A 的成长符合如下形式：

$$c_1 = c\mathrm{Exp}\left[-\delta(R-R_0)\right]^2 \qquad (3\text{-}8)$$

式中，$1/\delta$ 为生态位宽度系数；c 为比例常数；R_0 为不存在行业种群 B 时的资源总量。合并式（3-5）～（3-7）可以发现：在养老产业资源尚未被完全使用的情况下，无论行业种群 A 的最佳生态适宜度属于哪种情形，行业种群 B 构建生态位的行动都将推动行业种群 A 从业主体增长和两个种群生态位的分离，与现实中行业种群间发生资源配置变化时新从业主体进入、从业主体回避竞争、行业种群同质化水平降低的现象一致。

3.2.4.3 多类行业种群生态位构建

多类养老产业行业种群生态位构建适用于以两类行业种群为基础的 Tilman 竞争模型推广形式，表达式为：

$$\frac{\mathrm{d}p_i}{\mathrm{d}t} = c_i p_i\left(1 - \sum_{j=1}^{i} p_j\right) - e_i p_i - \sum_{j=1}^{i=1} c_j p_i p_j \qquad (3\text{-}9)$$

在公式（3-5）～（3-7）基础上，公式（3-9）表示在养老产业资源未被完全使用的情况下，多类行业种群存在生态位重叠且稳定共存的可能性，p_i、p_j 分别代表第 i 和第 j 类行业种群占用某一资源在总资源中的占用比例；参数 c_i、c_j 分别代表时间 t 内第 i 和第 j 类行业从业主体的平均增长率；e_i 代表时间 t 内第 i 类行业从业主体的平均衰亡率。而单个养老产业种群的生态位构建行为对全产业产生扰动，使得产业生态位结构和各种群的策略呈现"扩充—重叠—分离—扩充"的循环；而在资源被完全使用的情况下，养老产业生态位的重叠则会导致竞争。

3.3 养老产业生态位表征

3.3.1 养老产业现实生态位与基础生态位

3.3.1.1 养老产业现实生态位

养老产业的现实生态位须通过对不同时段养老产业行业种群的空间分布进行定位，因此有必要对养老产业进行不同时间、空间下的演化轨迹测度，以呈现养老产业空间分布及演化规律。

通过国家企业信用信息查询系统，利用爬虫程序对截至 2018 年年底在业和存续的涉老企业进行数据抓取，剔除状态为吊销、注销和迁出的企业，共获取 62015 家企业信息。由于无法获取每家企业的详细产值、就业人数等信息，本书构建了包括企业名称、成立年份、经营地址、经营范围、所属行业、注册资本等信息的全国养老企业数据库（囿于文章篇幅，不在文中赘列），通过对涉老企业的具体地址进行百度坐标拾取以及 Google Earth 坐标查询加入经纬度坐标以转换为空间数据，利用 ArcGIS 软件绘制了我国 31 个省市的养老企业区域布局，如图 3-2。对结果进行抽样验证，并随机抽取总数据的 30％，发现总体精度为 98.38％，符合要求。

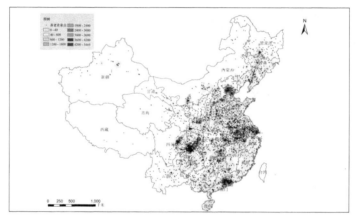

图 3-2　我国养老产业的省域分布图

结果显示：我国养老产业的省域分布与胡焕庸线吻合（中国地理学家胡焕庸早在 1935 年提出划分我国人口密度的对比线，最初称"瑷珲—腾冲"线，后因地名变迁，改称"黑河—腾冲"线）。可见，我国养老产业的省域分布符合胡焕庸定律，即"胡焕庸线"在某种程度上也成为目前城镇化水平的分割线[130]。这条线的东南各省市，城镇化水平相对较高，产业发达，分布密集；而这条线的西北各省市，城镇化水平相对较低，产业点分散。其中，集聚度高的省市依次为广东省、山东省、湖南省、四川省、江苏省和北京市，与我国各省老龄化比率的排名并不一致，个别省份存在较大偏差。例如，辽宁、上海、浙江三省市老龄化率都在 14％ 以上，位居全国前三名，然而这 3 个省市的涉老企业均不多，尤其是上海只有 1000 多家，说明我国养老产业供给失衡、供需不匹配。胡焕庸线以东的 24 个省市是目前养老产业各行业"侵蚀"的重点资源区域。

3.3.1.2 养老产业基础生态位

养老产业的基础生态位即 n 维空间下的生态位，其度量须要界定养老产业的不同空间维度与基本序参量。

养老产业生态位的表征是行业种群所需资源因子的集合。一定时空内和科技水平下行业种群所处环境的资源丰度相对稳定，资源因子在理论上可因行业种群的具体需求进行无限细分，行业种群至少需要一种以上资源。以一种具体资源因子为一个维度，则单一行业种群在静止时间中的生态位可以 n 维平面表达，如图 3-3；单一行业种群在移动时间中的生态位可以 n 维立体结构表达，如图 3-4；多于一个行业种群在静止时间中的生态位可以 n 维平面重叠表达，如图 3-5；多于一个行业种群在移动时间中的生态位可以 n 维立体结构重叠动态表达，在此不再附图表示。

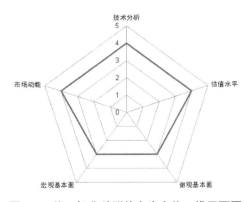

图 3-3 单一行业种群静态生态位 n 维平面图

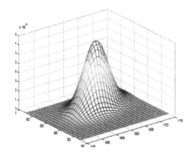

图 3-4 单一行业种群动态生态位 n 维立体图

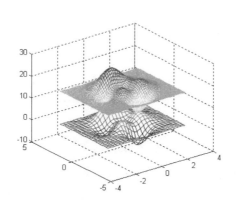

图 3-5   多行业种群静态生态位 n 维平面重叠图

3.3.2 养老产业生态位宽度、重叠度与态势

养老产业生态位宽度是构成养老产业这个超体积生态群落的各养老行业种群利用环境资源的实际幅度，即在没有任何竞争或其他故害的情况下，各养老行业种群对环境适应的状况或对资源利用的程度。养老产业生态位的重叠度是多个种群同时占用或使用同一种资源或环境时，存在的相互竞争关系，反映了涉老行业对同级资源的利用程度以及空间配置关系。养老产业生态位的态势中，态是产业过去生产经营的结果，是生存力的表现，可用其拥有或控制的资源来表示；势是产业所表现出的经营能力和发展势头，可用其发展能力、发展势头和发展空间来表示。

3.4 养老产业生态位演化机理

3.4.1 养老产业生态位演化驱动因素

养老产业生态位代表着养老产业拥有、控制资源的状况以及对外界环境的适应能力，生态位的高低决定了该产业在区域经济系统中获取优势资源要素能力的大小。养老产业通过不断调整生态位以及在不同生态位之间扩张与跃迁实现自身演化与进化，其实质是产业内各要素与生态位因子之间在选择压力的影响下互动匹配状态以及动态变化。

选择压是自然环境通过对存活能力和生殖能力的筛选，施加于生物个体和种群，使有利于其存续的基因得以遗传、不利于其存续的基因被淘汰，促进新物种形成的压力。产业升级、行业分化、企业优胜劣汰同样是选择压作用的结果，与自然环境有别的是，压力方向和强度同时受主观因素调整、社会环境和消费群体是主要的施压介质、压力传导与复杂网络中的信息传播有类似机制、压力作用效果具有动物驯养过程中人工选择重于自然选择的特点。

选择压同时改变养老产业行业种群资源需求和所能占用的资源因子，产生三种可能的选择结果：其一为稳定选择。此情况下行业种群与资源因子建立了相对稳定的对应关系，从业主体性状趋同，经营范围狭窄、过度专业化的从业主体被淘汰，生态位占用趋于稳定。其二为定向选择。此情况下部分从业主体的资源因子需求发生方向性变化，偏离了行业种群的典型性状，逐步占用新的生态位。其三为分化选择。此情况下行业种群中两类或更多类从业主体的资源因子需求发生变化，行业种群的典型性状减弱，分化出若干生态位占用类型。

三种选择结果与产业生命周期形成明显的对应。在产业初创阶段，部分从业主体从原行业转入新行业，构建新的行业种群生态位，形成定向选择，相对于原行业则为分化选择；在产业成长阶段和成熟阶段，从业主体在市场增长率和投资回报率的驱动下充分竞争而发生趋同进化，形成较为稳定的行业特点、市场格局和进入壁垒，行业种群生态位趋于饱和，形成稳定选择；在产业衰退阶段，市场萎缩和利润率下降驱动从业主体转向其他领域，逐步退出原行业，依据自身具体环境和优势开创新行业，开始新一轮行业种群生态位构建，形成分化选择。

3.4.2　养老产业生态位与生物演化对比

如同生态群落一样，养老产业具有生命活力，为了不断适应环境变化而进行着新陈代谢，产业的生态种群随着环境变化进行自适应的有效回应。生态系统中物种不是单独进化，而是共同进化的，因此，养老产业的从业主体通过不断改变自己的结构特征和行为方式以适应企业生态环境的变化要求，主体间的各种博弈行为推动着整个产业的共同发展。不过，养老产业生态位的演化与生物演化既相互联系又相互区别，如表 3-2 所示。

表 3-2　养老产业生态位演化与生物演化的比较

类别	生物演化	养老产业生态位演化
信息传递	通过以核酸为系统的生态系统	通过产业核心竞争力来实现
进化动因	自然选择、优胜劣汰	知识流动、资源整合和核心竞争力创造

（续表）

类别	生物演化	养老产业生态位演化
适应动力	改变自身的结构、机能和习性以被动适应生态环境变迁	主动适应与被动适应相结合，突出资源整合动力作用
选择机制	物竞天择、适者生存	适应环境、改造环境、环境共生
进化来源	以核酸为系统的遗传系统和生命体的自组织作用	知识积累、价值观念变化、制度变迁、资源协同整合

　　基于对生物演化现象的比较分析，养老产业生态位演化是养老产业生态系统各因子随时间不断变化相互匹配状态的动态过程。养老产业就是通过不断调整生态位的适应度以及不同生态位之间扩张与跃迁实现自身演化的，其实质是养老产业内各企业等要素间的相互作用为基础，实现整体力量大于部分之和的经济联合体。其中的每一家企业最终都要与整个养老产业共命运，因此，企业在制定战略时，不仅仅只着眼于企业本身，还要从企业所处的整个养老产业生态位演化出发，确定企业在系统中扮演的角色以及和其他企业的互动关系，以期长期保持有利的生存环境。因而养老产业生态位的演化以集群内企业集聚而成的具有特定结构和外在联系，在产业中实现相同或类似功能的、体现整体协同效应的企业种群演化轨迹而体现出来。

3.4.3 养老产业生态位演化过程

　　养老产业生态位的演化过程也遵循产业生命周期模型，分为产业初创期、成长期、成熟期和衰退期，如图3-6，但养老产业生态位的演化过程有其特殊性，主要体现在：

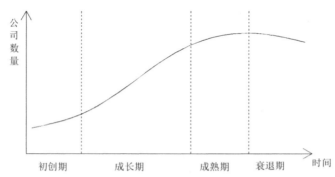

图3-6　生命周期各阶段养老产业生态位的演化过程

　　养老产业的初创期较长，且增长缓慢。这是受限于国家政策以及消费者的认知。2017年，国务院办公厅印发《关于全面放开养老服务市场提升养老服务质量的若干意见》明确提出养老服务市场全面放开 [131]，意味着除了政府投资建设的养老设施继续推进以外，允许民营资本注入市场。在这之前，养老市场只是初露端倪。再加上中国传统文化代际差异产生的代际关系不同，导致有养老需求的群体在行为和认识上对养老产业的促进不大，因此初创期相当缓慢且增长率低。

到 2030 年，随着 20 世纪 60 年代出生的群体进入古稀之年，养老需求大幅增加，这会助推养老产业加速发展，需求导向的企业数量井喷式激增，增长速率大大加快。这是由我国计划生育政策导致的 "4-2-1" 式的家庭结构致使中国老年群体达到峰值，而同期我国青壮年人口将出现快速下滑态势，传统养老模式面临压力，不足以支撑这么庞大的养老市场，此时的养老产业需求最大，且高利润导致逐利的商家快速抢占养老市场，养老产品与服务出现激增状态。按我国人均寿命预期，这个阶段至少持续 25 年之久。

2050 年以后，养老产业将完全成熟。这个时期，首批中产退休在即，养老需求呈现中高端趋势，因此，增长率还在持续增加，产业规模逐渐达到最大。由于需求价格弹性较高和需求收入弹性较高的行业容易受到经济形势的影响，但养老行业接近生活必需品行业，需求弹性较小，其经营和发展是比较稳定的，不易受经济形势的波动，所以养老产业相比其他产业来说成熟期持续时间较长；最后，养老产业也像其他行业一样进入衰退期，寻求新的发展变革和新的增长点。

养老产业生态位的进化与演化的区别在于：养老产业生态位的演化是一种运动形态，既包括事物的上升，从无序到有序，从低级序列到高级序列的 "进化"，还包括事物的下降，从有序到无序，从高级序列到低级序列的 "退化" 过程；而养老产业生态位的进化过程是一种不可逆的或复杂性和多样性的增长，即养老产业这个开放生态系统更高级的演化过程，是养老产业升级的过程。

养老产业生态位的进化过程使养老产品附加值提高，生产要素改进，结构改变，生产效率与产品质量提高，产业链升级，如图 3-7 所示。从微观来看，养老产业生态位的进化使企业中养老产品的附加值提高。从中观来看，养老产业生态位的进化使整个养老产业中的各个企业技术升级、管理模式改进、企业结构改变、产品质量与生产效率提高、产业链升级，最终导致整个养老产业中产品的平均附加值提高。养老产业升级、产业平均附加值提高不仅仅是养老产业的平均利润率提高，而是最终表现为养老产业结构升级。从宏观来看，养老产业生态位的进化使整个养老产业结构升级[132]。因此，养老产业生态位进化过程就是其生态位在不同层次和区域间由低级向高级不断演化的过程。

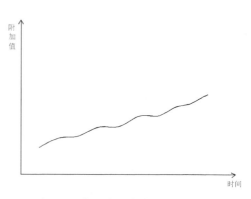

图 3-7　养老产业生态位进化过程

3.5 本章小结

本章将生态位理论引入养老产业，从生态学的角度将养老产业与自然生态系统的运行进行类比，阐述了养老产业生态系统的运行机理。通过建立"产业—生态系统""行业—种群""从业主体—生物个体"的对应关系，本章论证了养老产业生态位构建的内因和外因驱动因素，进而将生态位概念引入种群研究领域，本章论证了从行业种群这个中观角度研究养老产业生态位的科学性和合理性。进而，对养老产业生态位的表征进行系统描述。最后，本章阐述了养老产业生态位的演化机理，为后文对养老产业生态位的演化、评价提供了理论基础。

第 4 章 我国养老产业生态位演化

社会经济系统内部结构大尺度、多维度、多层次的特性构成了其宏观层面的复杂性，通过对系统内部结构信息的挖掘可以反映整个系统的功能特征或运行机理。随着时间的推移、空间的变化，养老产业发生着企业的兴衰变化与重组，养老产业生态位进行着构建—策略选择—自适应—重构的过程。随着市场结构、技术结构、空间结构等方面的变化，引起区域间生产要素的重新组合，各养老产业部门进行着重新排列组合，在空间上呈现出明显的集聚特性[133]。然而，养老产业整体并未进入高级的进化发展阶段，其生态位的演化及其生态位构建是沿着"产业链""价值链"不断向深度和广度拓展的多维演进过程。本章运用统计学方法、Ripley's K 函数与核密度法对 1978—2018 年间养老产业生态位演化的时空分异状况进行测算，从时间和空间维度演绎归纳 40 年间养老产业的行业分类与省域分布。通过对我国养老产业共生状态分析，本章构建共生演化模型对 14 个行业共生演化轨迹进行了实证分析，全面描述养老产业内部各行业种群对资源要素之间的协同演化行为。

本章通过养老产业生态位的时空分异与演化轨迹测度了养老产业生态位空间分布及演化规律，致力于测度养老产业的现实生态位。通过产业集聚情况剖析养老产业的行业结构、规模发展趋势及其时空存续规律，能够有效地支持区域管理资源的合理划分，以期为政府与企业抉择提供一种有效的探索性分析和可视化方法，在决策时参考。

4.1 养老产业生态位演化时间分异测度

养老产业是一个国家经济水平高度发达和社会文明的集中表现，时间和空间是养老产业生态位演化的特征时空尺度。养老产业生态位演化不仅仅是各产业部门组合构成的变动，同时还伴随着市场结构、技术结构、空间结构等方面的演变，其演化不是在原有结构上的简单扩张和循环，而是沿着"产业链""价值链"不断向深度和广度拓展的多维演进过程。随着养老产业生态位的时间序列演变，引起行业和区域间生产要素的重新组合。

4.1.1 数据获取与处理

由于我国没有官方发布的有关养老产业的统计年鉴，通过国家企业信用信息查询系统对全国登记在册的涉及养老的企业进行数据抓取，截至 2018 年年底，利用爬虫程序共获取 70211 家企业数据。经过脱密处理后，构建了包括企业名称、成立年份、经营地址、经营范围、所属行业、注册资本等信息的全国养老企业数据库。结果显示，我国登记在册的以养老为经营范围的企业共涉及 19 个行业。养老产业作为一个跨行业的综合性的特殊产业体系，在《国民经济行业分类》（GB/T 4754—2017）[134] 中主要涵盖农、林、牧、渔业，采矿业，制造业，电力、热力、燃气及水生产和供应业，建筑业，批发和零售业，交通运输、仓储和邮政业，住宿和餐饮业，信息传输、软件和信息技术服务业，金融业，房地产业，租赁和商务服务业，科学研究和技术服务业，水利、环境和公共设施管理业，居民服务、修理和其他服务业，教育，卫生和社会工作，文化、体育和娱乐业，公共管理、社会保障和社会组织共计 19 个行业，截至 2018 年年底，这些不同行业的企业总量及行业占比如图 4-1 所示。

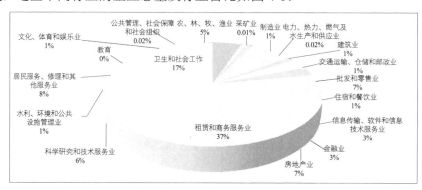

图 4-1　我国养老产业行业分布及占比

由图 4-1 可知，截至 2018 年年底，采矿业全国仅有 17 家企业，在所有涉及养老行业中体量最小（占比 0.01%），再加上电力、热力、燃气及水生产和供应业（占比 0.02%），交通运输、仓储和邮政业（占比 1%），水利、环境和公共

设施管理业（占比 1%），公共管理、社会保障和社会组织（占比 0.02%），这 4
个行业为公共行业，多为国家垄断企业，在经营过程中很难只针对老年人群，
大多数为企业经营范围的延伸领域，并非主营业务，总体占比也很小，根据前
文对养老产业的行业分布，在下文的统计中一并忽略。

　　根据养老产业涉及的行业分布对统计标准进行分类，对原始数据进行删选，
剔除基本信息不明确的企业，最终获取涉及养老的 14 个行业的从业主体总计
69071 家，总体样本率为 98.38%，具体行业数和占比如图 4-2。

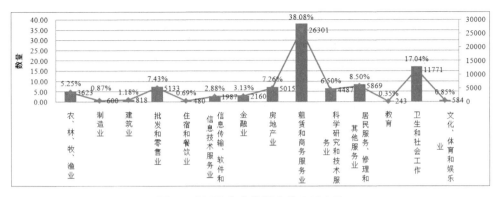

图 4-2 我国养老产业行业分布及占比

4.1.2 测度方法

　　本书运用统计学基本原理和方法，以养老产业的 14 个行业分类为研究对
象，根据不同时点研究对象的注册数为依据绘制统计图，对养老产业生态位演
化的时间分异状况进行分析验证，得出养老产业生态位随时间变化的动态演化
轨迹。

4.1.3 时间范围及选择依据

　　本研究的时间范围是 1978—2018 年。1978 年我国实施改革开放政策之前，
我国城镇是"家庭 + 单位"的养老保障模式。1985 年国有企业改革，养老企业
初露端倪。1993 年党的十四届三中全会通过的《中共中央关于建立社会主义市场
经济体制若干问题的决定》，正式拉开了城镇职工养老保障政策改革的帷幕[135]。
养老事业助力养老产业发展，此时我国涉老企业开始增多。2003 年 10 月，党
的十六届三中全会通过的《中共中央关于完善社会主义市场经济体制若干问题
的决定》提出，加快建设与经济发展水平相适应的社会保障体系，对于农村养
老问题也提出了方向性的要求，即农村养老保障以家庭为主，同社区保障、国

家救济相结合，有条件的地方探索建立农村最低生活保障制度。农村养老保障体系的盲区被逐渐覆盖，伴随的是养老产业初具规模和集聚效应。

从 2013 年以来，我国养老产业走过了 2014 年的"跑马圈地"、2015 年的"混乱竞争"、2016 年的"并购浪潮"阶段，2017 年步入"质量提升"阶段。如同多数新兴行业，养老产业的发展也经历了产业初创阶段的"散小乱差、跑马圈地、一片乱象"的过程，随着大规模、专业化"领头企业"的出现，产业周期逐渐从初创阶段的一片乱象，向规模化阶段的"专业化"进程推进，在参与企业数量不断递增的同时，资本与资源实力强劲的大企业以及多年坚持终成行业砥柱的专业企业的冲击，也对前期大批量进入的企业进行挤压与淘洗，企业的竞争逐渐从初创期"转型前传统行业的能力积淀"，转变为规模化阶段对市场客群的覆盖规模以及产品服务的专业程度，部分"领头企业"主导的并购与重组，也推动着整个产业向集聚阶段迈进。

综上，以 1978 年、1985 年、1993 年、2003 年、2012 年至 2018 年共 11 个年份作为重点研究的时间节点。

4.1.4 测度结果

根据不同时点研究对象的注册数为依据，以年份为横轴，以养老产业不同行业新注册企业数量为纵轴绘制统计图，得出我国养老产业新增数量随时间变化的动态演化轨迹，如图 4-3。

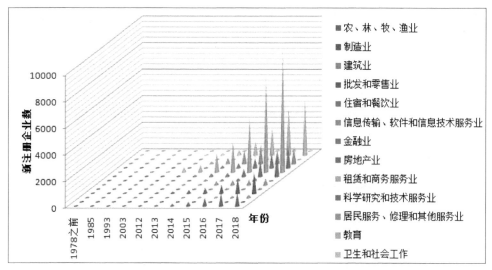

图 4-3 1978—2018 年我国养老产业时间分异演化轨迹

通过图 4-3 的演化轨迹可以得出以下基本规律：

（1）我国养老产业生态位演化的时间分异大致可以划分为三个阶段。

第一阶段（1978 年之前—2012 年）为养老产业的缓慢导入阶段。这一时期，资源匮乏，政策导向不明确，很少有企业涉足养老领域。自 1984 年中央发布《中共中央关于经济体制改革的决定》之后，国有企业改革要求企业独立核算、自负盈亏，对养老保障体制的影响极大，部分企业无力承担退休职工养老责任等问题。我国一些养老企业初露端倪，先进入市场的开创企业在导入期呈现"一家独大"，尤其是养老产品制造业和老年日常用品企业处于完全垄断或寡头垄断地位。建筑业、教育科研与信息技术服务业、金融业、房地产业、商业配套服务业、文化体育和娱乐业及其他相关产业均处于从无到有的零星状态，不成规模。整个产业经历着被认可、被接受的缓慢导入过程。

第二阶段（2013—2015 年）为养老产业的逐步推广阶段。以国务院《关于加快发展养老服务业的若干意见》（国发〔2013〕35 号）为标志，2013 年被业界称为"养老服务业元年"。一方面是由于自 2013 年老年人增速超过以往，老年人口数量和结构的变化导致对养老需求的增长旺盛[136]；另一方面是社会政策体系回应需求、带动变化的结果。随后，养老服务业外延拓展到生活照料、老年产品用品、健康服务、体育健身、文化娱乐以及金融旅游等交叉领域。这一时期逐利的企业不断加入市场，竞争者数量不断增多且生产的产品差异化，在经济体系中该产业比重不断增加，其产业地位与产业作用日渐明显，对经济的拉动也越来越大，整个产业处于规模不断扩大的状态。

第三阶段（2016 年至今）为养老产业的初创阶段。这一时期相对于其他的新兴产业，老龄人口数量与比例的增加带动最终消费需求总量快速增长和比重不断扩大。老龄人口的消费总量在急速增加，同时随着老年人口的逐步高龄化，还会产生一系列特殊的服务需求需要满足，这些商机预期为老龄产业成长提供了基本的动力来源[137]，导致养老产业发展速度较快，尤其是养老服务业发展增速最快。

（2）我国养老产业大多以多元业务布局的混合业态为主，在当前产业发展过程中，创新模式不断涌现，跨界融合日益繁荣，产业链正在逐步形成。随着政策红利的逐步释放，我国涉老企业每年新增数量逐步增多，行业逐步完善，已涉足衣食住行等领域，从行业上做到了全行业覆盖，形成了以租赁和商业服务业、卫生和社会工作为主的第三产业，制造业和建筑业为主的第二产业，以及农、林、牧、渔业为主的第一产业，具体见图4-4。

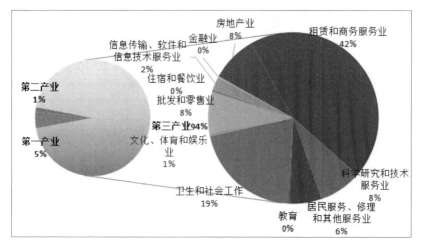

图 4-4　2018 年我国养老产业新增企业数分类占比

由图 4-4 可见，新增从业主体以服务业为主，占总量的 94%，意味着养老服务业的吸金能力最高，社会资本的热情日益上涨，其中卫生和社会工作占到19%。据统计，截至 2018 年年底，社会资本兴办养老机构数占比已达到 48.5%，满足了多层次多样化的养老服务需求。此外，租赁和商务服务业（42%）仍以绝对优势占比最高，经调研这其中以小微企业居多。养老房地产业（8%）、以互联网为主的科技服务业（8%）等各类社会资本纷纷布局养老市场，推动了养老医疗、养老地产、养老旅游等行业的跨界融合。养老服务业及其相关产业日益成为朝阳产业，具有广阔的市场前景。

（3）纵观 1978—2018 年 40 年的发展变化，养老产业发展缓慢，养老产业供给侧相对于需求侧有一定适应性，主要体现在：第一，分散化、同质化模式下的供给规模与市场不饱和条件下的需求总量基本适应；第二，低专业化水平内容为主的供给结构与发育层次低需求结构基本适应；第三，微创新和业态混合为主的供给增长形式与高同质化的需求特征基本适应。同时，供给侧不适应需求侧的问题也很突出：第一，集聚化的大型供给实体缺位，导致对老龄化高峰准备不足；第二，专业化、差异化供给内容的缺位，导致对高层次需求增长准备不足；第三，体系化创新能力的缺位，导致对产业结构升级准备不足。

4.2 养老产业生态位演化空间分异测度

4.2.1 数据获取与处理

　　根据第 2 章对我国养老产业的行业分类，此处养老产业空间分异的数据来源依然采用 14 个行业共 69071 家企业从业主体数据。通过百度地图 API 接口识别企业坐标，获取了 69071 家企业的经纬度，对企业的空间坐标信息进行校对，获得地理空间坐标信息，继而使用 ArcGIS 10.2 将企业坐标转化为企业矢量数据。尽管企业注册数据中会存在部分注册地与实际经营地点不一致的情况，但依据《公司法》和《公司登记管理条例》的相关规定并考虑到企业实体经济的性质，这类企业比例相对较低[138]。同时，注册地也能够在某种程度上反映出企业在该地区发展的意向和基础优势[139]。因此，在无法确切获得实际企业经营地址的情况下，统一采用注册地址进行空间分析研究。对数据结果进行抽样验证，共随机抽取总数据的 30%，发现总体精度为 97.8%，符合要求。

4.2.2 Ripley's K 函数与核密度法

　　产业集聚的计算方法已渐趋成熟。鉴于数据获取的有限性，在刻画养老产业生态位空间变化规律的测度方法上，常用方法有 G 函数、F 函数、K 函数等。同为空间点的模式分析，但由于 G 函数与 F 函数都是以分散性为基础，基于距离的技术只计算到最临近点的距离，只能检测空间过程的二阶影响，考察的是点过程之间的空间依赖性，而无法将养老产业生态位空间集聚性随尺度变化的全部点距离度量出来。因此，选择通常用来计算产业集聚程度和集聚规模的 K 函数法将研究范围内的全部点距离的集聚模式进行度量，因而更加稳定可靠。单一运用 K 函数法的缺陷是不能将集中度表现在空间上，而核密度函数能实现空间呈现结果。单一运用核密度估算的方法时，则不能表现出产业的集聚规模。因此，集合这两种方法分别对产业进行地理集聚的计算，既能有效分析养老产业生态位在空间上的集聚和演变情况，又能把握产业的集聚距离和集聚规模。

4.2.2.1 多距离空间聚类分析

　　多距离空间聚类分析，即 Ripley's K 函数由 Ripley 提出，是一种点模式分析方法，它能够反映点在不同空间尺度下可能出现的集聚、均匀和随机等分布状态，并量化度量聚集程度。注册企业在空间上的分布可以看作二维空间里的"点"事件，其空间分布会随着空间尺度的变化而发生改变，即在不同的空间尺度下会表现出不同的空间分布格局[140]。该函数的运算原理是以事件点为中心，d 为半径作圆，得到圆内点的数量；计算所有的圆内点数量的平均值，然后计算平均值与研究区的点密度的比值，得到 K（d）值，针对不同距离重复上述过程。公式如下：

$$K\left(d\right) = A\sum_{i}^{n} \sum_{j}^{n} \frac{W_{ij}\left(d\right)}{n^2}, W_{ij}\left(d\right) = \begin{cases} 1, W_{ij} \leqslant d \\ 0, W_{ij} \geqslant d \end{cases} \tag{4-1}$$

式中，d 为距离尺度，A 为研究区总面积，n 为企业数量，W_{ij} 为企业 i 与企业 j 之间的距离。

4.2.2.2 核密度估计分析法

核密度估计分析法（Kernel Density Estimation）由 Rosenblatt 和 Emanuel Parzen 提出，是用来估计未知密度函数的一种非参数检验方法，又名 Parzen 窗（Parzen Window）。该分析工具的运行方法是借助一个移动窗口，根据核函数计算点或线要素在每单位面积的值，以此将每个点或线要素拟合成平滑锥状面，曲面中心位置的密度值最高，向外逐渐降低，曲面边缘位置的密度值为 0，中心位置的核密度为整个窗口范围内的密度之和，核密度分析工具用以将产业点的集聚特征表现在空间上，计算公式为：

$$f_n(x) = \frac{1}{nh} \sum_{i=1}^{n} k\left(\frac{x - x_i}{h}\right) \tag{4-2}$$

式中，$k\left(\dfrac{x - x_i}{h}\right)$ 为核函数方程，h 为窗口带宽，$h>0$，n 为窗口内的点数，$x-x_i$ 为估计点 x 到样本点 x_i 处的距离。f_n（x）值越大，核密度越高。

4.2.3 空间范围与计算过程

本书研究的空间范围包括我国大陆地区的 22 个省份、4 个直辖市、5 个自治区，共 31 个区域，以下简称省市。收集的资料数据，不包括港澳台地区。本书首先运用 K 函数计算了现阶段我国养老产业生态位的集聚程度和距离，然后通过核密度方法分析了养老产业生态位在空间上的分布及演变特征。其中，K 均值的计算以 1988 年、1998 年、2008 年和 2018 年 4 个年份为研究节点，计算了每相隔十年间养老产业各行业种群的数量变化，具体如表 4-1。

表 4-1 养老产业生态位空间分异 K 均值计算过程

行业种群	1988 年 企业数量 n	1998 年 企业数量 n	2008 年 企业数量 n	2018 年 企业数量 n
农、林、牧、渔业	6	28	126	3623
制造业	93	247	367	600
建筑业	2	22	82	818
批发和零售业	58	199	531	5133
住宿和餐饮业	16	37	100	480
信息传播、软件和 信息技术服务业	0	5	236	1987
金融业	92	791	1105	2160
房地产业	4	75	461	5015
租赁和商务服务业	17	90	659	26301
科学研究和技术服务业	1	15	139	4487
居民服务、修理和 其他技术服务业	24	63	271	5869
教育	0	0	29	243
卫生和社会工作	6	19	166	11771
文化、体育和娱乐业	3	9	46	584

Ripley's K 函数参数设置中，距离的变化次数（Number of Distance）为系统默认值 10，起算距离（Beginning Distance）选择系统默认值，即最大距离整个数据范围的 25%，跌增步长 =（最大距离 - 开始距离）/ 迭代值，置信度选择 99%，统计缺漏偏差（Undercount Bias）选择 NONE，运行出了 4 个年份的测度结果。

4.2.4 养老产业生态位集聚度分析

运用 ArcGIS 中的 Ripley's K 函数分别计算了 14 类行业在不同距离尺度下产业的空间集聚特征，计算结果如表 4-2。其中，D_1 代表产业生态位由集聚模式转为离散模式时的距离，D_2 代表集聚规模，L_{max} 代表集聚程度。

表 4-2 我国养老产业生态位 L 值各状态下对应的距离（单位：千米）

行业种群	1988 年			1998 年			2008 年			2018 年		
	D_1	D_2	L_{max}	D_1	D_2	L_{max}	D_1	D_2	L_{max}	D_1	D_2	L_{max}
农、林、牧、渔业	—	—	—	—	—	—	1146	808	690	1359	781	805
制造业	—	—	—	1130	810	780	1209	814	893	1357	847	954
建筑业										1412	811	782
批发和零售业	—	—	—	1027	783	615	1214	871	824	1426	1310	911
住宿和餐饮业										1098	851	760
信息传播、软件和信息技术服务业							926	804	776	1464	914	850
金融业	—	—	—	1345	754	798	1436	885	874	1475	768	842
房地产业							1109	867	782	1498	1083	955
租赁和商务服务业							1310	824	978	1866	1074	627
科学研究和技术服务业							1039	828	760	1380	944	848
居民服务、修理和其他技术服务业	—	—	—	916	698	667	999	820	741	1605	1089	962
教育	—			—			—			1116	882	804
卫生和社会工作	—			—			1014	803	745	1987	1128	531
文化、体育和娱乐业	—			—			—			1272	893	877

注：D_1 表示 L 值由正转负时的距离，D_2 表示 L 达最大时的距离，L_{max} 表示 L 的最大值，无数据的表示产业生态位为离散模式。

通过表 4-2 发现，40 年间， 4 个时期养老产业生态位各行业由集聚转向离散模式时的距离和 L 的最大值均呈现出扩大的趋势，表明产业的集聚程度一直呈增加的趋势。养老产业生态位的空间分布模式由零星分散式缓慢演变为集聚式，且不同时期不同行业的集聚程度和集聚规模存在显著差异。在 1988 年，所有行业均为离散模式。到了 1998 年，制造业，批发和零售业，金融业，居民服务、修理和其他技术服务业 4 个行业开始呈现集聚模式，其中金融业集聚程度最大，在距离为 754 千米时集聚程度达到最高，在 1345 千米时转为离散模式分布。直至 2008 年，除了建筑业，住宿和餐饮业，教育业，文化、体育和娱乐业 4 个行业之外，其他行业全部呈现集聚，且集聚程度逐渐增强。金融业与批发和零售业的集聚规模较其他行业较强，分别在距离达到 885 千米和 871 千米时集聚程度才达到最大值。到了 2018 年，养老产业不同行业均呈现不同程度的集聚现象。此时，不同行业的聚集格局发生转变。其中，居民服务、修理和其他技术服务业的集聚程度最大，在 1089 千米时集聚程度达到最高，在 1605 千米时由集聚转为离散模式。养老教育业的集聚程度较小，集聚规模远高于其他行业。

4.2.5 养老产业生态位空间分布特征

为了更好地解析这种集聚在时间和空间上的演变特征，借助 ArcGIS 10.3 软件分别对我国 4 个时段的养老产业生态位以核密度估计法进行可视化分析，还原养老产业生态位在空间上的演变过程，以 1978 年为基础，以 10 年为一个阶段，参考自然断点法和各时段的核密度值分布情况，对 1988 年、1998 年、2008 年和 2018 年核密度结果进行了四级分类（图 4-5 ~ 图 4 -8）。

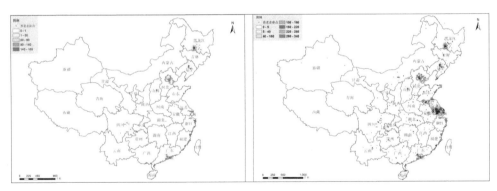

图 4-5　1988 年核密度和产业点分布　　　　图 4-6　1998 年核密度和产业点分布

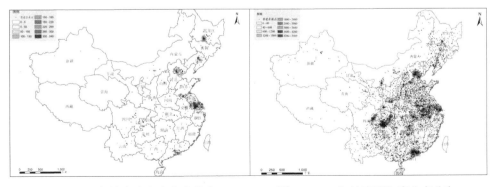

图 4-7 2008 年核密度和产业点分布　　　　图 4-8 2018 年核密度和产业点分布

通过图 4-5～图 4-8 分析可知，不同时期我国养老产业的数量一直呈增加趋势。2009—2018 年时段内增加最多，是产业得到迅猛发展的重要时段。在1988 年及以前，养老产业呈现零星态势，不成规模，产业没有形成集聚效应。到了 1998 年，我国养老产业逐步形成了以上海和黑龙江为主的两核产业聚集地。到 2008 年，以上海和黑龙江为主的双核产业集聚效应更加明显，其他区域产业零星发展。直至 2018 年，我国养老产业生态位初具雏形。从空间分布来看，我国养老产业生态位的布局以沿海为主，初步形成了一条以服务上海为主的江浙养老产业带，以服务重庆、四川为主的渝蜀养老产业带，以服务北京、天津为主的京津养老产业线和广州、深圳以服务广东籍港人的内地养老产业线的多核发展状态。养老产业生态位的发展呈现出由东部沿海地区向中西部内陆地区逐渐弱化的失衡态势。中西部内陆地区，尤其是非中心城市养老产业起步晚，在探索过程中还处于一种自发闲散、碎片化的发展态势，这与内陆巨大的、多样化和层次性的养老产业需求相背离。养老产业朝着系统性、整体性和协同性的方向发展，亟待对养老产业进行合理性、科学性的空间布局。

4.3 养老产业生态位共生演化测度

养老企业从业主体对应于每一个生物个体，由相同类型企业集合成的行业对应于养老产业行业种群。养老产业涉及的 14 个行业种群联结形成养老产业群落，种群间在共生竞合的相互作用中动态演化，并形成养老产业生态位的整体演化。由于养老产业处于整个产业生命周期的初创期，尚处于凯恩斯主义总供给曲线阶段，各种资源没有被充分利用，生产能力利用不足，存在相当大的潜在需求未被激发，社会上还存在着闲置资源，国民收入会随着总需求的增加而增加，即可以在不提高价格的情况下，增加总供给。此时的养老产业行业群落间的关系未见明显竞争和协同发展状态，处于共生阶段，这种状态会在相当长的时间内续存。本节通过建立养老产业的行业种群生态位共生演化模型，利用模型相关指标对我国养老产业 14 个行业种群 1978—2018 年生态位的整体演化轨迹进行实证分析。

4.3.1 共生状态分析

从养老产业本身而言，各产业之间存在很强的关联性和互补性，在一些产业之间尤为明显，如养老房地产、养老旅游业、制造业、金融业，等等。随着大数据时代互联网行业的发展，正在冲击传统的养老产业流通中介，信息技术的发展为养老市场交易提供了新的平台[141]。养老制造行业也随生物技术的应用横跨了医药、食品、信息、能源、化学、材料和机械等众多产业领域，形成融合共生基础。

因为养老产业资源没有被充分利用，尚处于凯恩斯主义总供给曲线阶段，养老产业还存在很大的资源浪费，供给远远没有需求大。因此，此时的养老产业的行业种群处于生态位分离状态，各个行业企业各立山头、各自为战，尚未引起资源激烈竞争，处于共生而不协同状态。本书选取了养老产业行业种群共生密度、出生率、死亡率、年龄结构、共生界面、组织模式和行为模式几个典型指标来描述我国养老产业的共生状态，详见表 4-3。

共生密度为 $\rho=N/V$，其中，N 为同类养老行业种群的个体数量，V 为共生空间面积。出生率 P 泛指生物产生新个体的能力，具体来说指的是同类养老行业种群平均每年新增企业数量占总体的比率。死亡率 q 泛指生物个体被淘汰的比率，具体指同类养老行业种群平均每年吊销、注销和迁出的企业占比。年龄结构指的是养老行业种群内各个年龄组企业数在种群总数中所占的比重。如企业经营时间为一年记为 1 岁，可将年龄结构类型划分为增长型（年幼个体占比多）、稳定型（较平均，但还是幼年比老年多）、衰退型（幼年少，甚至比老年还少）。关联行业种群的共生界面是指共生单元之间物质信息和能量传导的媒介、通道或载体，主要包括市场体系、技术支撑、资源体系和政府支撑（战略）体系。在不同的养老行业种群间，这四种共生界面的地位和作用是不一样的，至少有一至两种发挥主导作用。养老产业的组织模式表现在点共生、间歇共生、连续共生和一体化共生。在行为模式上主要表现为非对称的互惠对生和对称性互惠共生[142]。由于处于不同的产业生命周期，共生模式也会不断发生变化。

表 4-3 2018 年我国养老产业共生状态分析表

行业种群	共生密度	出生率(%)	死亡率(%)	年龄结构类型	共生界面	组织模式	行为模式
农、林、牧、渔业	低	0.27	0.02	稳定型	市场体系、政府支撑体系	间歇共生为主，兼有连续共生	非对称性互惠共生
制造业	较低	0.05	0	衰退型	市场体系、技术支撑体系、资源体系、政府支撑体系	一体化共生	对称性互惠共生
建筑业	较低	0.30	0.02	稳定型	市场体系、技术支撑体系、资源体系、政府支撑体系	连续共生为主，兼有点共生	对称性互惠共生
批发和零售业	低	0.31	0.02	稳定型	市场体系	间歇共生为主，兼有点共生	非对称互惠共生
住宿和餐饮业	较低	0.17	0.02	衰退型	市场体系、政府支撑体系	点共生为主，兼有一体化共生	非对称互惠共生
信息传播、软件和信息技术服务业	低	0.25	0.03	稳定型	市场体系、技术支撑体系	一体化共生	对称性互惠共生
科学研究和技术服务业	较低	0.37	0.04	稳定型	市场体系、技术支撑体系、政府支撑体系	一体化共生	对称性互惠共生
居民服务、修理和其他技术服务业	较低	0.21	0.03	稳定型	市场体系、技术支撑体系、政府支撑体系	点共生为主，兼有一体化共生	非对称性互惠共生
教育	低	0.27	0.03	增长型	市场体系、技术支撑体系、政府支撑体系	点共生为主，兼有其他共生	非对称性互惠共生
卫生和社会工作	较低	0.36	0.04	稳定型	市场体系、技术支撑体系、政府支撑体系	一体化共生	对称性互惠共生
文化、体育和娱乐业	低	0.18	0.02	稳定型	市场体系、政府支撑体系	间歇共生为主，兼有连续共生	非对称性互惠共生

4.3.2 共生演化模型构建

Logistic 模型（也叫阻滞增长模型）是荷兰生物学家 Verhulet 于 19 世纪中叶基于人口增长的变化规律提出的[143]。该模型不仅能够描述人口及许多物种数量的变化规律，而且在社会经济领域也被广泛地应用。

从前文的养老行业种群共生界面、组织模式和行为模式判断，作为一种特殊联合方式的养老产业群在形式上表现为通过分工协作，在某一行业或企业生产中形成具有竞争优势的群体，实质却是一个共生系统，即由具有互补性、彼此之间存在共生关系、产生共生效应的行业联合起来，通过互利共存、优势互补而形成的具有共同目标的产业利益共同体。将养老产业生态位所经历的内生和外生变化（例如，技术、信息、制度安排以及地域生产氛围等变化）简化为养老产业的产量信号[144]。此时，养老产业产量变化过程实质上反映了养老产业生态位的共生演化过程，并且每个行业种群产量增长与其所处环境间的关系表现为如下 Logistic 方程：

$$\begin{cases} \dfrac{\mathrm{d}N(t)}{\mathrm{d}t} = r(t)\left(\dfrac{K - N(t)}{K}\right)N(t) \\ N(0) = N_0 \end{cases} \quad (4\text{-}3)$$

得：
$$N(t) = \frac{N_1 K_e^{r(t)t}}{K + N_0(\mathrm{e}^{r(t)t} - 1)} = \frac{K}{1 + \left(\dfrac{K - N_0}{N_0}\right)\mathrm{e}^{-r(t)t}} \quad (4\text{-}4)$$

式中，K 表示一段时间和某一地域空间内，养老产业在给定各种要素禀赋（包括技术、原材料、劳动力、资本和市场规模等）的情况下，每个行业种群产量的极限即最大产量；$r(t)$ 表示行业产量自然增长率或内禀性增长率；$N(t)$ 为行业的产出水平，是时间 t 的函数，不仅包括日常意义上的含义，而且还含有技术、信息、专业化和分工、交易成本等影响产出水平各种因素变化的含义；$[K\text{-}N(t)]/K$ 是阻滞项，又称为 Logistic 系数，表示行业尚可生产的产量空间。

从公式（4-3）可以看出，Logistic 系数对养老产业行业产量的变化起着一种制约作用，使其总是趋向于极限产量。当 $N(t)=K$ 时，Logistic 系数为 0，$\mathrm{d}N(t)/\mathrm{d}t=0$，行业产出达到最大产出规模，此时行业产量是一个稳定的平衡点。根据公式 4-4 可知时间为 t 时集群内行业演变过程为：

$$\frac{\mathrm{d}n_t}{\mathrm{d}t} = g(t)Z_t(n_m - n_t) \quad (4\text{-}5)$$

$$n_t = \frac{n_m}{1 + e^{-\int_0^t g(t)dt}} = \frac{n_m}{1 + e^{-G(t)}} \tag{4-6}$$

式中，n_t 表示 t 时刻养老行业区域内已经实现共生的从业企业数；$g(t)$ 是行业共生企业的平均个体增长率；n_m 表示行业区域内所有可能实现共生的企业饱和容量，即区域最大承载量；I_t 表示行业内共生企业与其他企业的联系机会，可表示为 n_t/n_m，其大小取决于当时的行业企业数量。$G(t>0)$ 表明该曲线形状呈现 S 形，即行业是随时间历程以曲线增长的。令 $G(t)=a+bt$，则公式（4-6）可变形为：

$$n_t = \frac{n_m}{1 + ae^{-b_t}} \tag{4-7}$$

式中，a、b 为待估计参数且有 $a \geqslant 0$，$b \geqslant 0$。b 表示养老产业各行业随时间不断变化的速度，a 与基期的行业共生企业数量有关，截距 $n_m/(1+a)$ 表示最初的行业共生企业数量。由公式（4-7）可知：当 $t \to -\infty$ 时，$n_t \to 0$；当 $t \to +\infty$ 时，$n_t \to n_m$（常数）。在 n_t 随 t 变化的 S 形曲线中，n_t 对时间的二阶导数为 0 时，可得到曲线的拐点：$t=\ln a$，$N(t)=n_m/2$，S 曲线关于拐点对称；在 $t<\ln a/b$ 时，n_t 加速增长，当 $t>\ln a/b$ 时，n_t 减速增长，最终收敛于 n_m。模型表明行业呈现螺旋上升态势，即在某一段时间范围内该行业存在先加速后减速增长趋势，但是超过某个时间点之后，行业集群又表现为由减速变加速增长。

4.3.3 数据来源与计算过程

依据统计部门使用的《国民经济行业分类与代码》（GB/T4754—2017），以养老产业中的农、林、牧渔业（A），制造业（C），建筑业（E），批发和零售业（H），住宿和餐饮业（I），信息传播、软件和信息技术服务业（G），金融业（J），房地产业（K），租赁和商务服务业（L），科学研究和技术服务业（M），居民服务、修理和其他服务业（O），教育（P），卫生和社会工作（Q），文化、体育和娱乐业（R）这 14 类行业作为研究对象。样本数据源于前文自建的数据库，研究时段确定为 1978—2018 年。根据行业种群共生演化模型，数据从自建的数据库搜集了相关时间序列统计结果并进行了整理。

根据构建的养老产业生态位共生演化模型及其相关推导公式，运用 SPSS 22.0 进行参数估计，相关参数估计及模型检验结果如表 4-4 所示。

表 4-4　养老产业生态位共生演化参数估计结果

行业类别		参数估计值	标准差	F 检验	R^2	显著性
农、林、牧、渔业	a	78.817	226.309	42.842	0.899	0.000
	b	0.036	0.057			
制造业	a	69.388	213.517	16.068	0.916	0.000
	b	0.000	0.075			
建筑业	a	79.586	31.751	27.700	0.979	0.001
	b	0.000	0.010			
批发和零售业	a	12.195	4.159	41.489	0.986	0.000
	b	0.000	0.008			
住宿和餐饮业	a	116.678	122.117	40.408	0.837	0.000
	b	0.000	0.026			
信息传播、软件和信息技术服务业	a	31.502	13.278	29.334	0.978	0.003
	b	0.000	0.010			
金融业	a	19.847	53.630	7.734	0.945	0.008
	b	0.000	0.066			
房地产业	a	13.031	4.318	19.406	0.988	0.000
	b	0.000	0.008			
租赁和商务服务业	a	147.429	23.023	43.803	0.999	0.007
	b	0.107	0.004			
科学研究和技术服务业	a	310.562	26.475	31.992	1.000	0.015
	b	0.073	0.002			
居民服务、修理和其他服务业	a	14.542	7.408	41.997	0.977	0.000
	b	0.009	0.012			
教育	a	262.418	143.903	35.689	0.961	0.020
	b	0.000	0.013			
卫生和社会工作	a	403.046	210.413	64.021	0.993	0.000
	b	0.014	0.013			
文化、体育和娱乐业	a	104.928	50.436	41.062	0.971	0.001
	b	0.000	0.012			

结果显示，养老产业由呈 S 曲线的各行业演化拟合而成，从上表的估计结果来看，各行业参数估计的 F 检验良好，R^2 在 0.837~1.000 区间，观测值与预测值重叠度较高，各行业显著性在 0.000~0.020 区间范围，均小于 0.05，由此可见，在 5% 显著水平下 F 检验都能通过检验。养老产业生态位共生演化模型包括 14 个指数方程组，如下：

$$
\begin{cases}
n_t = \dfrac{n_m}{1+78.817\mathrm{e}^{-0.036_t}} \\[6pt]
n_t = \dfrac{n_m}{1+69.388} \\[6pt]
n_t = \dfrac{n_m}{1+79.586} \\[6pt]
n_t = \dfrac{n_m}{1+12.195} \\[6pt]
n_t = \dfrac{n_m}{1+116.678} \\[6pt]
n_t = \dfrac{n_m}{1+31.502} \\[6pt]
n_t = \dfrac{n_m}{1+19.847}
\end{cases}
\qquad
\begin{cases}
n_t = \dfrac{n_m}{1+13.031} \\[6pt]
n_t = \dfrac{n_m}{1+147.429\mathrm{e}^{-0.107_t}} \\[6pt]
n_t = \dfrac{n_m}{1+310.562\mathrm{e}^{-0.073_t}} \\[6pt]
n_t = \dfrac{n_m}{1+14.542\mathrm{e}^{-0.009_t}} \\[6pt]
n_t = \dfrac{n_m}{1+262.418} \\[6pt]
n_t = \dfrac{n_m}{1+403.046\mathrm{e}^{-0.014_t}} \\[6pt]
n_t = \dfrac{n_m}{1+104.928}
\end{cases}
$$

4.3.4 养老产业行业种群共生演化轨迹

由 SPSS 22.0 计算出来我国养老产业涉及的 14 个行业生态位共生演化轨迹见图 4-9 至图 4-22。

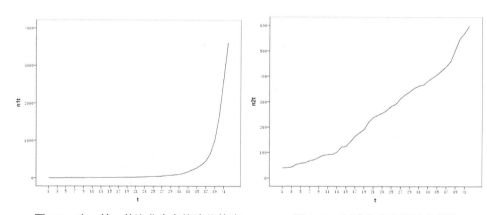

图 4-9　农、林、牧渔业生态位演化轨迹　　　图 4-10　制造业生态位演化轨迹

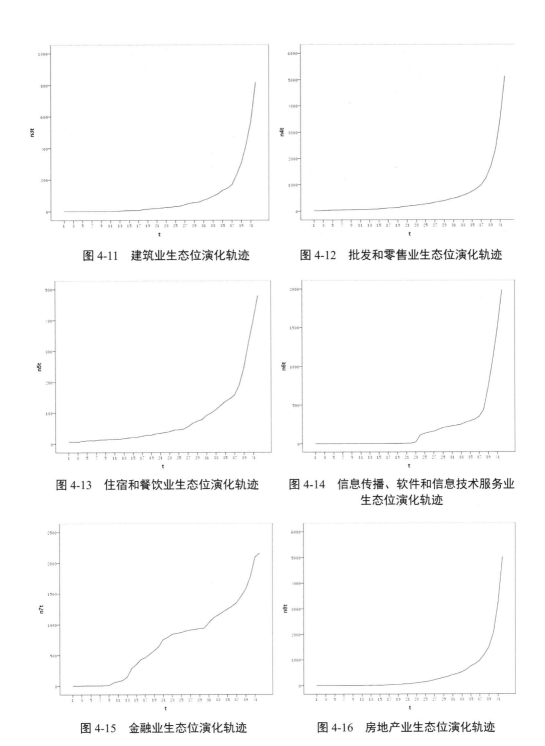

图 4-11 建筑业生态位演化轨迹

图 4-12 批发和零售业生态位演化轨迹

图 4-13 住宿和餐饮业生态位演化轨迹

图 4-14 信息传播、软件和信息技术服务业
生态位演化轨迹

图 4-15 金融业生态位演化轨迹

图 4-16 房地产业生态位演化轨迹

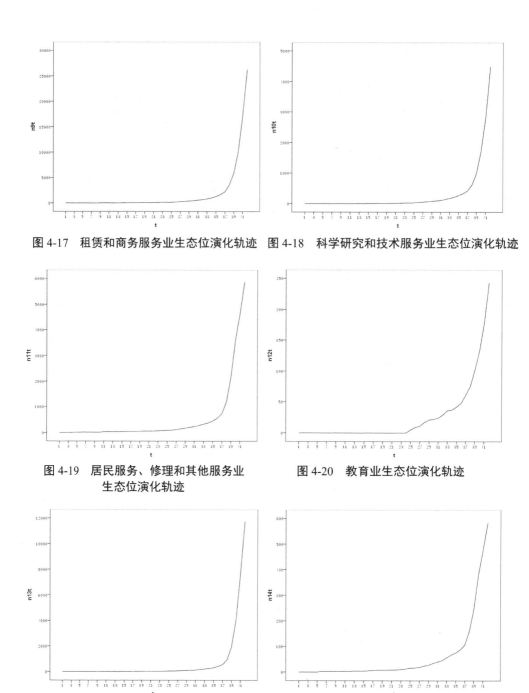

图 4-17 租赁和商务服务业生态位演化轨迹 图 4-18 科学研究和技术服务业生态位演化轨迹

图 4-19 居民服务、修理和其他服务业 图 4-20 教育业生态位演化轨迹
        生态位演化轨迹

图 4-21 卫生和社会工作生态位演化轨迹 图 4-22 文化、体育和娱乐业生态位演化轨迹

从上述 14 个行业生态位演化轨迹可以清晰判断：我国养老产业无论从数量还是产值总体呈上升趋势，属于朝阳产业，尤其是 2014—2018 年产业增长率激增。其中，养老制造业与养老金融业处于持续活跃状态，增长率持续增长，与国家目前的经济形势吻合。具体来说，各行业种群各有特点。

（1）养老、农、林、牧、渔业指的是涉老农业的统称，这里主要包括为老年人直接食用及使用的农、林、牧、渔业最终产品，为了区分于养老制造业，此类行业产品不包括为老年人提供的初级产品和中间产品。从该行业生态位的演化轨迹可以看出，1978—2010 年行业整体发展迟缓，该种群的绝对数与增长量稳步不前。2011—2014 年增长加快，2015—2018 年，随着大型养老产业综合项目的建设，该行业作为伴生行业急速增长。

（2）养老制造业的产品主要包括医药，保健，食品和医疗，护理，康复所用器械、设施、设备。该行业生态位演化轨迹可以看出，养老制造业处于持续活跃状态，增长率持续增长。由于我国制造业门类齐全，人口多，为养老制造业发展同时提供了产能和人口两个条件，其中中高端制造能力不足和低端产能过剩之间的张力是制造业向包括养老产业在内的新兴领域转型的重要推动力。因此，近年淘宝、京东等大型网络购物平台提供的老年用品类型增多，种类超过 150 万，出现了普瑞森医疗、安康通等一站式养老企业并带动多地形成产业要素集聚区。养老制造业虽然在持续增长，但从前文（图 4-1）养老产业行业分布中养老制造业仅占比 1%，无论从总量的规模和产能供给增量看，该行业生态位还有相当大的提升空间，难以满足目前老龄人口需求多元化、高端化的现状。

（3）养老建筑业是建筑业的特型进化，受社会结构制约和供求关系直接影响，核心业务是适老房屋的建造，与养老制造业同属养老产业的第二产业。该行业生态位的发展体现了我国老年人群需求的变化，与我国养老机构的演变密不可分。从其生态位的演化轨迹可以看出：1978—2004 年属于养老建筑业的萌芽期，受制于老年人群的思维定式和经济现状，部分思想超前或失能老人选择国家补助的老年社会福利院，部分五保老人选择社会福利事业单位提供的养老院，养老建筑业发展缓慢。2005—2014 年，养老建筑业进入成长期。截至 2014 年，我国 60 岁以上老年人群已达 2.12 亿人，此时，老龄化比率高达 15.5%。这个阶段养老建筑业新增企业数量增多，各地市私营的养老院逐步建成，配套服务逐步完善，出现了保利和熹会等一批典型养老公寓的品牌代表。随着国家对养老建筑业不断出台新的标准，如《养老设施建筑设计规范》（GB 50867—2013）、《老年人居住建筑设计规范》（GB 50340—2016）、《老年人照料设施建筑设计标准》（JGJ 450—2018），导致该行业成本不断升高，提高了小企业的进入壁垒。2015—2018 年属于养老建筑业的快速增长期，此时老年公寓和托老所成为典型代表。截至 2017 年年底，我国社会力量办养老机构数占比已达到45.7%。加之该行业联动反应极强，能带动上下游产业的发展，因此，该行业近年对养老房地产业、养老金融业等行业辐射作用明显。

（4）养老批发和零售业指的是涉老产品的传统业态。从其生态位演化轨迹来看，该行业也是 2015—2018 年发展较快，有了较大的增速。1978—2014 年该行业发展缓慢，尤其是下沉市场需求量小，与我国老龄化速度相比，发展明显滞后。从长远来看，随着养老产业发展速度的提高和发展质量的优化，隶属于生活性服务业的性质决定了该行业的发展很大程度上受老龄人口数量的影响，这为我国养老批发和零售行业的发展提供了良好的中长期宏观环境[145]。

（5）养老住宿和餐饮业包含为老年人提供短期留宿场所和餐饮服务的单位。虽然其生态位轨迹也是呈逐步增加的态势，该行业以 2003 年为分水岭，2014年至今该行业发展迅猛，主要是大的综合性集团提供一条龙式服务；然而，老年群体的住宿产品和餐饮仍存在较大问题。一方面，老年住宿产品分为低端的农家乐和中高端的酒店客栈。由于老年住宿项目投资大，政府扶持政策有限，因此大多经营产品单一，房间空置率较高，提档升级困难。另一方面，老年群体就餐难已成为"大城市病"。同时，家庭规模小型化、老人家庭空巢化现象明显，独居老人数量增加，对便利、高性价比的餐饮满足老年群体的日常餐饮需要显得尤为迫切。

（6）养老信息传播、软件和信息技术服务业的服务对象也是老年群体。该行业的生态位发展轨迹以 2000 年为界，在这之前基本处于真空状态，涉足企业很少，或大多企业以其为附属产业，非主营业务。2001—2014 年该行业才爆发式发展，涉足企业逐步增多，竞争逐渐激烈，争夺"50 后""60 后"后能使用手机上网的群体，开发出了类似"寸草心""八段锦教学""丁香医生""糖豆"等以老年群体为主要客户群的手机 App。此时生态位提高必须依赖信息技术，以老年福祉技术与信息技术有效融合。

（7）养老金融业指的是各类与养老需求相关，利用金融服务谋求养老资产增值，用于防范养老风险的金融产品，包括企业年金、商业养老保险、养老储蓄、住房反向抵押款、养老信托、养老基金等金融服务，也包括公共养老保险中用于市场投资的部分[146]。从该行业的生态位演化轨迹来看，养老金融业属于活跃行业，从 1986 年至今，经历了几次大跳跃，这与国家的政策支持密不可分。我国为应对老龄化挑战，在政策层面高度重视养老金融业发展，先后出台文件助推金融业。以 2011 年《社会养老服务体系建设规划（2011—2015 年）》（国办发〔2011〕60 号）为起点，国家相继发布《关于加快发展现代保险服务业的若干意见》（国发〔2014〕29 号）、《基本养老保险基金投资管理办法》（国发〔2015〕48 号）、《关于金融支持养老服务业加快发展的指导意见》（银发〔2016〕65 号）、《关于加快发展商业养老保险的若干意见》（国办发〔2017〕59 号）。在政策的助推下养老金融产品和服务正在趋向多元化，多层次养老保险制度也已初具雏形。我国养老金融业虽有政策支持，相比其他行业发展较快，但从整体上与老龄化国家同行业相比仍处于起步阶段。目前，我国银行、保险公司、基金、信托等金融机构都已开始尝试专门性的养老金融，但是这些金融机构提供的养老金融服务和金融产品存在品种单一、同类化倾向的问题，比如多数银行提供的养老金融主要是一些保证收益型、低风险的理财产品，它们大多为短期投资，难以满足个人养老投资的长期性需求。由于投资产品种类少、选择单一，导致很多老年人最终选择银行储蓄方式养老。显然，随着老龄化的加剧，我国现行的养老金融架构和产品体系还无法满足日益增长的养老需求，金融业必须作出相应的调整。

（8）从图 4-16 养老房地产业生态位的演化轨迹可以看出，1978—2010 年行业整体发展迟缓，该种群的绝对数与增长量稳步不前。2011 年以后该行业增长加快，市场化使得房地产具有较高的投资和储蓄属性，以万科、恒大、绿城、保利为代表的大型房地产企业和多数地方性房地产企业都在自然资源禀赋较好的地区建设或布局养老房地产项目，房地产业走势稳定，对地方的财政、就业、投资拉动发挥了巨大积极作用，从业主体、地方政府、消费者形成了事实上的合谋合力。由于投资引力强，养老房地产概念股上市准备较为充足。近三年，随着大型养老产业综合项目的开发，该行业急速增长。

（9）养老租赁和商务服务业是生产性服务业的一个重要组成部分，主要为老年群体生产、商务活动提供服务，是适老产品社会化分工深化的结果。该行业生态位演化的走势体现了我国典型的养老产业落后、发展迟缓的特点，从2014年至今才进入萌芽期。Wavemaker 发布《中国老龄化社会潜藏的商业价值和影响力报告》，指出城市老年群体收入结构逐渐呈"橄榄形"，一到三线城市老年群体的平均家庭月收入达 8219 元，逾七成处于高收入水平，未来消费实力不可小觑。另外，以"60后"为代表的老年群体消费能力和消费意愿逐渐"解放"，新身份与新认同、重建自我、体面的第二人生和健康投资为未来消费关注点。我国养老租赁和商务服务业的内涵和外延比国际服务贸易商务服务业狭小得多，其发展还有巨大潜力。

（10）养老科学研究和技术服务业是针对老年群体进行科学研究和服务机构的集合。与众多的养老行业相类似，该行业生态位的演化轨迹说明养老科技服务业也是近年才进入萌芽阶段，1978—2013 年相当长的历史时期，我国缺少官方及权威的养老科研服务机构，导致有关养老产业的数据零星、不成体系，近年发展起来的比较知名的组织有清华大学建筑学院、国家康复辅具研究中心、北京社会管理职业学院、中国老龄科学研究中心、中国社会福利协会以及中国康复器具协会等社会组织。

（11）养老居民服务、修理和其他服务业的服务领域主要是老年居民服务、老年机动车、电子产品和日用品修理业及其他服务。该行业与老年群体日常生活密切相关。然而，从图 4-19 生态位演化轨迹来看，该行业与现行老龄化趋势供需不匹配，仍有较大缺口，发展空间较大。

（12）养老教育业是指针对老年群体的初中高等教育以及技能培训、教育辅助等。2001—2013 年，该行业涨势较快，尤其是 2014 年至今发展迅猛，这与"60后"成为养老主力军有直接关系。这部分群体大多接受过初等甚至高等教育，已接受新鲜事物，有较强的学习能力，会运用现代化的咨询手段。近年，老年大学、老年服务教育中心、社区教育等机构如雨后春笋般越来越多，丰富了老年群体的晚年生活。老年教育虽需求较大，但市场化动力不足，多以政府组织为主。

（13）养老卫生和社会工作主要包含私立的老年医院、疗养院、基层医疗卫生服务、老年健康体检中心，以及社会工作中针对老年群体的服务工作等。从图 4-21 可以看出，该行业生态位在 2018 年以前基本处于停滞状态，无论从发展规模和速度上都处于稳步不前的态势。自 2018 年以来，该行业生态位的发展速度出现急速增长，但发展速度和规模远远滞后于社会需求，针对老年群体的专科经营机构少之又少，且缺少高端医护人员和服务，导致老年群体大多享受不到该类服务，与其他群体一起参与公立机构的供给。

（14）养老文化、体育和娱乐业指的是由老年人参与的文艺类演出、学习培训、比赛、展览、鉴赏等文化娱乐活动，以及博物馆、图书馆等机构开展的养老相关的各类文化娱乐活动。该行业经常与其他行业，如旅游业、教育业提供配套服务，因此，实际操作过程中很难从其他产业中单独剥离。2014 年至今，该行业生态位发展较快，进入萌芽期，但从提供的产品数量和质量看，养老文化体育和娱乐业生态位还有较大的上升空间。

4.4 本章小结

本章通过国家企业信用信息查询系统对全国登记在册的涉及养老的企业进行数据抓取，利用爬虫程序共获取 70211 家企业数据，构建了全国养老企业数据库。利用统计学方法、Ripley's K 函数、核密度估计分析法，本章对我国养老产业生态位的时间和空间分异现状进行测度。通过建立养老产业共生演化模型，对我国养老产业 14 个行业种群 1978—2018 年生态位演化轨迹进行实证分析与评价。

第 5 章　我国养老产业生态位评价

养老产业规模的扩大、市场份额的获得以及高额利润的攫取，取决于养老产业生态位与实际资源环境条件的一致性，不同养老产业在多维生态位中形成各自衔接的生态位。对我国养老产业生态位的评价必须借助生态位模型的定量测度，通过采集我国养老产业分布轨迹及其相关的环境数据组成抽样样本，利用生态学方法进行数理统计分析及测算，构建特征函数表示养老产业不同行业种群在生态位空间的基础生态位。如前所述，各养老行业种群一方面因需求差异而对资源类型有不同选择，形成了差异化的资源占用维度，集中表现为生态位宽度；另一方面因相同需求而发生对同类型资源的占用竞争，形成了不同种群在某些资源维度上的进退留转，集中表现为生态位重叠度。上述选择和竞争随行业种群的发展而发生结构、规模、方向上的变化，形成资源占用结构的静态表现和动态趋势，集中表现为生态位态势。

本章分别对生态位宽度、生态位重叠度、生态位态势进行评价，以期测度养老产业在 n 维空间的生态位，致力于测度养老产业的基础生态位，最终有利于对各养老行业种群当前发展水平和未来发展潜力进行全面准确的判断。

5.1 养老产业生态位宽度评价

我国养老产业生态位宽度主要是指构成养老产业这个超体积生态群落的各养老行业种群利用环境资源的实际幅度，即在没有任何竞争或其他敌害情况下，各养老行业种群对环境适应的状况或对资源利用的程度。当资源的可利用性减少时，一般使生态位宽度增加；反之，使生态位宽度减少。对生态位宽度测度的常用模型有 Levins 公式、Simpson 指数、Hurlbert 公式等。

5.1.1 重要值模型构建

由于养老产业生态系统的不确定性和复杂性使得模型的量化存在困难，只能近似评价，因此，选用重要值算法来测度养老产业行业种群的生态位宽度。重要值（Important Value，IV）是生态学方法，是研究某个物种在群落中的地位和作用的综合数量指标。该方法是描述不确定性和复杂性的有效方法，被广泛应用于通信、控制、金融和医疗等领域，以综合数值表示物种在群落中的相对重要性，计算公式如下：

$$重要值（IV）=（相对密度 + 相对优势度 + 相对频度）/3 \tag{5-1}$$

$$相对密度（RF）=（种群的个体数 / 全部种群的个体数）\times 100\% \tag{5-2}$$

$$相对优势度（RD）=（样本中某种群个体规模的和$$
$$/ 样本中全部个体规模总和）\times 100\% \tag{5-3}$$

$$相对频度（RA）=（种群的频度 / 所有种群的频度总和）\times 100\% \tag{5-4}$$

优势度表示植物群落内各植物种类处于何种优势或劣势状态的群落测定度。一般优势度大于 0.1 的为绝对优势种，大于 0.01 的为主要优势种。

生态位宽度的计测模型采用生物学意义明确、计算方法简捷、被广泛使用的 Shannon-Wiener 指数，公式如下：

$$B_{(SW)i} = \frac{-1}{\sum_{j=1}^{r} P_{ij} \lg P_{ij}} \tag{5-5}$$

式中，$B_{(SW)i}$ 为养老产业行业种群 i 的生态位宽度；P_{ij} 是种群 i 在第 j 资源状态数目上的重要值占它利用全部资源数目重要值的比例；S 为种群数；r 为可利用资源状态的数目，即资源位数量。尽管养老产业这个复杂的生态系统其生态位是个多维的超体积，根据养老产业生态群落及种群的特殊性，可将群落的取样地段看作一维的资源状态。因此，r 为取样地段数量。

其中：

$$P_{ij} = \frac{n_{ij}}{Y_i} \tag{5-6}$$

$$Y_i = \sum_{i=1}^{r} n_{ij} \qquad (5\text{-}7)$$

式中，n_{ij} 为种群 i 在第 j 资源位的重要值；Y_i 为种群 i 利用全部资源位的重要值之和。因此，生态位宽度具有域值 [0，1]，即种群利用一个资源位，代表生态位宽度最窄，其值为 0；种群利用全部资源位，代表生态位宽度最大，宽度值为 1。

5.1.2 生态位宽度测度

在我国养老产业生态群落中，前文划分的养老产业涉及的 14 个行业构成了不同种类的行业种群。

数据全部来自第 4 章构建的养老企业数据库 2018 年截面数据，包括登记在册的续存和在业状态的 69071 家涉老企业。由于我国没有官方统计的养老产业数据库，在公式（5-3）相对优势度的个体规模测算中，能体现企业规模的年产量、产值或主营业务收入等指标统计难度巨大，是个庞大的数据网络，获取难度较大。考虑到数据的可获取性和代表性，此处采用"注册资本"这个指标代表企业规模，最终以注册资本在 1 亿元以上（含 1 亿元）为标准作为相对优势度测算的抽样样本。公式（5-4）相对频度中的种群频度测算中，统计数据截止到 2019 年一季度末登记在册的全部涉老企业。以这一时刻的截面数据作为测试抽取的样本，此样本数占整个样本数的百分比即为相对频度。

通过第 4 章我国养老产业随时间演化的空间分布特征发现，其演变规律与胡焕庸定律吻合。因此，选择胡焕庸线以东的 24 个省市作为研究对象，每个区域作为一个资源位，$r=24$。这些省份虽然在资金、技术、服务、人才等关键要素供给方面存在显著差异，但相比胡焕庸线以西的省份来说相似度较高，行业分类囊括全部的 14 个行业种群，是国家养老产业优先发展的先行区域。

根据公式（5-2）至（5-4）测算我国养老产业不同区域行业种群的重要值见表 5-1，具体计算过程详见附录表 1-1 至 1-4。以此为基础，根据公式（5-1）、（5-5）至（5-7）测算我国养老产业行业种群的重要值及生态位宽度见表 5-2。

表 5-1　我国养老产业分区域行业种样重要值（IV：%）

资源位	北京	天津	河北	山西	辽宁	吉林	黑龙江	上海	江苏	浙江	安徽	福建	江西	山东	河南	湖北	湖南	广东	广西	海南	重庆	四川	贵州	云南
A	0.78	0.13	2.77	2.27	3.55	2.11	0.13	0.00	0.79	2.51	5.73	2.59	3.73	7.15	6.26	8.17	9.63	4.94	3.15	6.76	7.30	9.55	3.54	1.63
C	2.22	0.45	7.03	3.49	13.53	2.54	13.67	1.96	3.94	3.07	4.83	3.09	1.76	7.90	2.20	5.14	2.74	5.35	2.48	3.07	2.68	3.46	1.76	1.00
E	6.71	0.76	1.94	0.84	2.60	2.16	1.00	1.16	4.96	1.24	6.04	2.94	1.94	10.24	8.15	3.98	2.02	10.43	5.22	6.51	3.33	5.89	3.30	1.69
F	2.76	0.29	1.49	2.86	3.12	0.69	1.15	0.40	3.99	2.10	3.73	2.70	10.23	9.96	3.71	2.35	3.46	10.57	4.91	3.35	3.85	4.70	9.73	1.35
H	6.11	0.55	1.53	6.11	7.64	8.47	4.45	0.28	0.83	1.95	5.98	0.83	2.43	3.61	4.44	7.78	0.83	3.54	1.53	3.05	5.00	4.31	4.31	2.09
I	1.14	0.00	0.35	0.94	1.74	1.04	1.32	0.07	3.66	4.41	4.59	1.82	2.48	9.15	2.40	2.73	8.42	20.75	2.56	3.82	8.29	7.23	6.34	1.55
J	1.52	2.16	1.21	0.77	2.41	0.86	1.11	1.67	24.96	1.56	1.35	0.49	0.40	2.03	1.89	1.17	0.86	43.34	0.89	0.25	3.22	4.07	0.43	0.55
K	2.88	1.53	3.48	1.63	3.88	2.42	0.45	0.50	4.47	3.21	7.30	2.37	2.46	13.26	4.56	3.06	2.14	9.92	2.03	12.05	1.97	6.42	2.97	1.35
L	4.35	0.19	1.90	0.83	3.19	1.74	0.25	0.47	5.21	4.70	4.98	3.12	1.99	6.96	3.36	3.37	8.25	18.69	6.91	4.72	2.75	4.73	1.53	1.82
M	12.10	2.04	3.38	1.02	3.79	2.05	1.14	0.15	5.30	2.29	3.20	2.91	1.40	9.46	3.04	2.98	5.57	17.12	4.55	2.52	1.78	6.64	0.39	1.49
O	3.88	0.00	2.67	2.52	3.09	2.95	1.11	2.21	3.94	4.99	6.65	2.81	2.20	12.56	9.00	3.46	2.09	11.15	0.97	3.78	4.76	3.85	2.86	2.58
P	0.27	13.72	0.96	0.27	0.00	3.43	1.65	1.51	2.33	1.65	5.21	1.37	1.37	4.11	0.82	2.19	3.57	24.62	0.82	2.19	0.82	18.72	3.02	2.06
Q	7.53	2.47	5.05	2.60	5.95	3.91	0.63	1.98	6.71	5.67	4.85	3.25	2.11	11.01	6.22	3.23	4.95	4.42	1.69	2.01	4.28	5.68	1.08	2.06
R	14.22	3.21	1.66	0.00	1.54	0.80	0.00	0.69	1.66	6.06	2.34	3.83	1.25	7.83	1.48	4.17	2.05	24.44	2.46	3.77	1.32	4.68	2.91	1.43

表 5-2 我国养老产业行业种群的重要值及生态位宽度（%）

行业种群	重要值 IV	$B_{(SW)i}$
A 农、林、牧、渔业	95.17	0.80
C 制造业	99.36	0.79
E 建筑业	95.05	0.78
F 批发和零售业	93.45	0.80
H 住宿和餐饮业	87.65	0.78
I 信息传播、软件和信息技术服务业	96.8	0.85
J 金融业	99.17	1.17
K 房地产业	96.31	0.80
L 租赁和商务服务业	96.01	0.81
M 科学研究和技术服务业	96.31	0.82
O 居民服务、修理和其他服务业	96.08	0.78
P 教育	96.68	0.94
Q 卫生和社会工作	99.34	0.76
R 文化体育和娱乐业	93.8	0.89

5.1.3 生态位宽度测度结果分析

5.1.3.1 优势度测度结果分析

由相对优势度测度结果可见，广东省的测度结果为 18.95%>0.1，为绝对优势种；除了黑龙江省之外，其余 22 个省市测度值均大于 0.01，为主要优势种。这些省市对养老产业群落结构和群落环境的形成有明显控制作用。这与我们之前抽取的样本有直接关系，与胡焕庸定律保持一致，即意味着胡焕庸线以西的省份重要值相对较低，从生态学的角度看，均不在优势种群之列。根据相对优势度测度结果，将其划分成高优势度组（>5%）、较高优势度组（4%~5%）、中等优势度组（3%~4%）和低优势度组（<3%）4 种类型区，分类结果详见附录表 1-3。通过 ArcGIS 绘制的不同区域养老产业相对优势度分类图示如图 5-1。

由图 5-1 可见，我国养老产业优势度区域差异非常明显，其中，广东省以高达 18.95% 的绝对优势位居高优势度组的榜首，是决定养老产业群落结构和内部环境条件的建群种。广东省经济总量位居

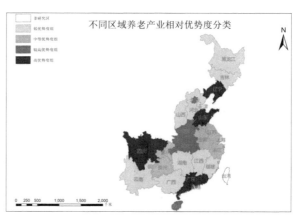

图 5-1 不同区域养老产业相对优势度分类（%）

全国第一，近年，广东省的养老产业走在前列，采取社区居家养老、机构运营、人才培养、金融投资、医养结合等手段推动养老产业高质量发展，为行业发展提供了新的思路和实践样本。广东省加快推进养老服务发展，广东省的行业协会对养老产业的发展也起到了助推作用，如广东省养老服务业协会在政策指引、学术理论实证研究、商业实践等方面对我国养老行业起到较大影响力。

优势度排名第二的是山东省，其次是四川省和辽宁省。这些省份均为老龄化程度严重的区域。原因在于，四川省和辽宁省为劳务输出大省，大量青壮劳力外出，使得 15~64 岁区间的劳动力人口占比较低，导致两个省份的抚养比较高。其中，辽宁 65 岁及以上老年抚养比为 21.7%，居全国第一，山东、四川等地也都在 20% 以上，意味着 5 个劳动力人口供养 1 个老人。这些省份的共同点是老龄人口多，比重大，养老需求充分，相对其他省份来说养老产业市场大，发展空间广阔，资本的逐利性导致大量企业将资金投资于此，催生养老产业的快速发展。

排名最后的是黑龙江省。该省份除了养老的共同性问题之外，还要解决养老的一些特殊性问题。黑龙江省养老体系刚刚建立还不完善，养老金问题表现很突出。由于大量外出务工人员在东部及沿海地区务工，导致在务工区域缴纳社保。但进入老年阶段后，这一群体中的很多人将回到黑龙江省养老，尤其需要解决区域间平衡。黑龙江省发展养老产业的优势从 2008 年之后逐步弱化，转移到其他省份。

5.1.3.2 重要值测度结果分析

根据表 5-1 我国养老产业分区域行业种群重要值的测度结果，绘制出的重要值对比图，如图 5-2。

从区域对比来看，广东省在养老产业中的相对重要程度最高，其次是山东，排名第三的是四川，上海的重要值最低。根据重要值的区

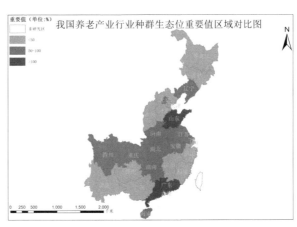

图 5-2　养老产业行业种群生态位重要值区域对比图（%）

域对比，可以为我国养老产业行业布局提供决策参考。

从图 5-3 行业对比来看，养老产业的重要值普遍偏高，测度结果区间从 87.65%~99.36%。其中，制造业的重要值无论在均值还是总计中均排名第一，重要值之和高达 99.36%。整个的老人用品，全世界 6 万多种养老产品，其中日本生产的近 4 万种，德国生产的有 2 万种，其中高端养老配套设施占全球市场的 60%。目前中国自主开发的老年用品只有 2000 多种，种类相对匮乏，老年人可选性较小，消费结构也较为单一。中国老龄制造产品和需求比为 1：7，我国养老制造业有超过 2.7 万亿的待开发市场。中国老年用品 80% 左右的产品依赖进口，在技术、质量、种类方面与发达国家相比有较大差距。中国制造业快速发展，技术水平不断提高，但因对养老产业认识的不足，中国从事老年用品生产的企业数量及规模都较小，整个产业尚处于起步阶段，产业链发展较不完善。

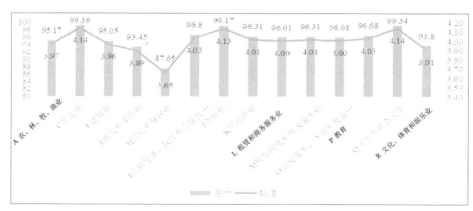

图 5-3　我国养老产业行业种群生态位重要值行业对比图（%）

重要值排名第二的是卫生和社会工作行业，重要值之和达 99.34%。我国正在逐步建立健全以居家基础社区为依托、机构为补充的多层次养老服务体系。其中，社区居家养老，把家庭养老和机构养老的最佳结合点集中在社区，促进了卫生和社会工作行业的发展。

排名第三的是金融业，重要值达 99.17%。养老金融业的实践在国内已经有了一定的探索，目前业务主要还集中在银行储蓄类金融产品上[147]。证券类产品相对稀少，保险类产品有了一定的开发，基金类和信托类养老金融产品几乎还是空白。综合性的养老金融产品仍然还只是一个概念。由于整个金融市场发展滞后,特别是养老金融产品开发滞后,大量居民金融资产只能在银行系统循环,加上存款利率较低,金融资源方面存在巨大浪费。今后,深度开发养老金融产品,可以促进养老产业的发展,更重要的是可以壮大金融和虚拟经济。而美国、日本等国家,养老金融业已经成为现代金融体系的重中之重。

重要值最低的是住宿和餐饮行业,重要值为 87.65%。针对老年群体的住宿和餐饮需求不少,尤其是老年人对餐饮行业的特殊需要,但供给却存在严重不匹配,导致缺口严重。据调查,老年群体对餐饮方面的需求结构分别为健康食品类占 31%、速冻点心类占 20%、罐头类占 7%、其他占 5%[148]。"老年就餐难"这一问题已经成为北京、上海等大城市普遍存在的问题。专门针对老龄群体住宿行业满意度的调查显示,老年人不满意率为 89%。不难看出,餐饮和住宿市场针对老年人的需求并没有特殊考虑和照顾,很难满足老人的日常餐饮和住宿需求。养老住宿和餐饮行业仍有较大的市场空白。

因此,目前我国亟须发展的重点领域应该向老年制造业、卫生和社会工作以及养老金融业倾斜。通过对养老产业行业种群重要值的测度,对预测和判断养老产业的投资方向和发展布局的空间变化态势有重大意义。

5.1.3.3 生态位宽度测度结果分析

根据表 5-2 生态位宽度测度结果,参考 Levins 规律"$B_{(L)i}$ 值越大,生态位宽度越小"的准则,绘制出我国养老产业行业种群生态位宽度示意图 5-4。

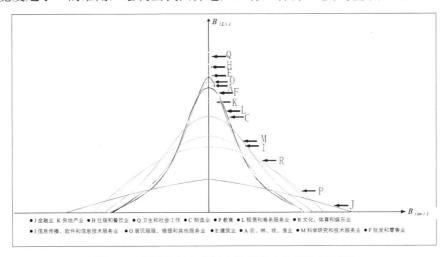

图 5-4　我国养老产业行业种群生态位宽度示意图

由图可见，我国养老产业行业种群生态位宽度均较泛化。14 个种群生态位宽度 $B_{(SW)i}$ 值的排序依次为：金融业（J）＞教育（P）＞文化、体育和娱乐业（R）＞信息传播、软件和信息技术服务业（I）＞科学研究和技术服务业（M）＞制造业（C）＞租赁和商务服务业（L）＞房地产业（K）＞批发和零售业（F）＞农、林、牧、渔业（A）＞居民服务、修理和其他服务业（O）＞建筑业（E）＞住宿和餐饮业（H）＞卫生和社会工作（Q）。

可见，利用的市场资源相对丰富的行业生态位宽度大，如金融业、教育、文化体育和娱乐业等，这些行业种群往往对环境的适应能力越强，对我国养老产业的资源开发利用有重大价值。此外，有一些资源相对不足的行业生态位也较宽，如租赁和商务服务业，农、林、牧、渔业，住宿和餐饮行业等，这些行业种群在不同区域的产业布局上进入了过多的细分市场，形不成合力，产品和服务内容较泛化，导致生态位宽度较大。可见，我国养老产业在行业整体布局和结构上并没有科学地规划，而是盲目地抢占市场，这样造成了养老产业资源浪费。卫生和社会工作、建筑业、养老服务业生态位宽度较窄，相对特化，对环境资源利用能力较弱，是目前我国应优先支持的重点行业。

5.2 养老产业生态位重叠度评价

养老产业生态位的重叠是指多个种群同时占用或使用同一种资源或环境时，存在的相互竞争关系。我国养老产业行业种群生态位重叠情况反映了涉老行业对同级资源的利用程度以及空间配置关系。常用的生态位重叠度的计算方法有 Levins 公式、Petraitis 式、Schoener 式等[149]。

5.2.1 优化的 Levins 模型构建

书中养老产业行业种群的重叠度是一个非对称的概念，即 A 对 B 的重叠度与 B 对 A 的重叠度是不同的。基于生态位宽度测度模型中重要值的算法，采用非对称法对原有 Levins 公式进行优化，构建的生态位重叠度模型如下：

$$L_{ih} = B_{(L)i} \sum_{j=1}^{r} P_{ij} \times P_{hj} \qquad (5\text{-}8)$$

$$L_{hr} = B_{(L)h} \sum_{j=1}^{r} P_{ij} \times P_{hj} \qquad (5\text{-}9)$$

式中，L_{ih} 为种群 i 重叠种群 h 的生态位重叠指数；L_{hr} 为种群 h 重叠种群 i 的生态位重叠指数；$B_{(L)}$ 为 Levins 的生态位宽度指数；$B_{(L)i}$ 具有域值 [1/r, 1]；L_{ih}

和 L_{hr} 具有域值 [0，1]，0 表示生态位完全分离，1 表示生态位完全重叠。

5.2.2 生态位重叠度测度

根据公式（5-8）和（5-9），计算得到 14 个行业种群之间的生态位重叠度如表 5-3 所示，囿于篇幅限制，具体计算过程详见附录表 1-4。

表 5-3　我国养老产业行业种群的生态位重叠度

行业种群	A	C	E	F	H	I	J	K	L	M	O	P	Q	R
A	1	0.05	0.06	0.06	0.05	0.07	0.04	0.06	0.06	0.05	0.06	0.06	0.05	0.05
C	0.04	1	0.05	0.05	0.05	0.06	0.04	0.05	0.05	0.05	0.05	0.05	0.05	0.05
E	0.05	0.06	1	0.06	0.05	0.07	0.04	0.06	0.06	0.06	0.06	0.06	0.05	0.05
F	0.04	0.06	0.06	1	0.05	0.06	0.04	0.06	0.06	0.06	0.06	0.05	0.05	0.05
H	0.05	0.06	0.06	0.06	1	0.07	0.05	0.06	0.06	0.06	0.06	0.06	0.06	0.05
I	0.03	0.04	0.04	0.04	0.05	1	0.03	0.04	0.04	0.04	0.04	0.04	0.04	0.04
J	0.01	0.01	0.02	0.01	0.02	0.01	1	0.02	0.01	0.01	0.01	0.01	0.01	0.01
K	0.04	0.05	0.05	0.05	0.05	0.06	0.04	1	0.05	0.05	0.05	0.05	0.05	0.05
L	0.04	0.05	0.05	0.05	0.05	0.06	0.04	0.05	1	0.05	0.05	0.05	0.04	0.04
M	0.04	0.05	0.05	0.05	0.03	0.05	0.05	0.04	1		0.05	0.05	0.05	0.05
O	0.05	0.06	0.06	0.05	0.05	0.07	0.04	0.06	0.06	0.05	1	0.06	0.05	0.05
P	0.02	0.03	0.03	0.03	0.03	0.02	0.03	0.03	0.03	0.03	0.03	1	0.03	0.02
Q	0.05	0.07	0.07	0.06	0.06	0.05	0.07	0.07	0.06	0.07	0.06	1		0.06
R	0.03	0.03	0.03	0.03	0.04	0.02	0.03	0.03	0.03	0.03	0.03	0.03	1	

5.2.3 生态位重叠度测度结果分析

根据表 5-3，绘制出我国养老产业行业种群生态位重叠度雷达图，如图 5-5 所示。

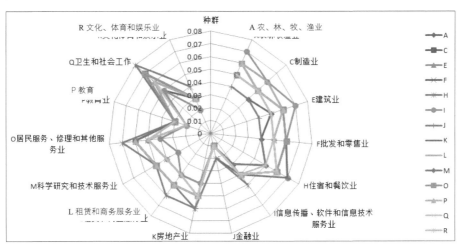

图 5-5　我国养老产业行业种群生态位重叠度雷达图

可见，我国养老产业行业种群生态位重叠值都很低，在 0.01~0.08 之间波动，未形成"蒲公英"式的放射状结构，表明不同行业发展的差异性较大，养老产业市场整体竞争较为有序，对环境资源的分享充分，没有形成激烈的竞争，更说明了养老产业还处于产业生命周期的初创阶段，各种资源还未被充分开发利用。相比而言，信息传播、软件和信息技术服务业（I）、卫生和社会工作（Q）这两个行业在与其他行业交叉计算重叠值中测得的结果较高，均出现多个得分为 0.07 的结果，说明这两个行业是容易引起竞争的行业，易与其他行业瓜分资源，即意味着在竞争并不激烈的养老产业发展初期，其他行业应充分与这两个行业资源共享，实现双赢。由此不难理解养老产业发达的国家跨界经营较为普遍，利用信息技术实现业态融合较多，出现了"互联网＋养老医疗""互联网＋养老地产"以及"互联网＋养老旅游"等多种模式。未来，养老产业的发展可以这两个行业作为市场资源配置的先导因素，其他行业注重与这两个行业的交叉融合，协同发展更有利于整体产业的发展。随着我国养老产业资源配置逐渐开发利用，不同类别的涉老企业将展开激烈角逐，形成的行业种群将处于竞争、共生、寄生等多种复杂变化的形态。

据表 5-3，计算我国养老产业行业种群生态位平均重叠度，如表 5-4。

表 5-4　我国养老产业行业种群生态位平均重叠度

行业种群	A	C	E	F	H	I	J	K	L	M	O	P	Q	R
L_i	0.11	0.12	0.12	0.11	0.12	0.11	0.11	0.12	0.12	0.12	0.12	0.12	0.11	0.11

从表 5-4 可知，14 个养老产业行业种群生态位平均重叠度较小，且分布均匀，在 0.11~0.12 之间，说明行业间尚未形成激烈竞争，尚处于共生阶段，种群多数为广生态位，对资源的利用处于优势地位，对资源有一定共享性。种群之间的生态位重叠度不高，种群之间资源竞争强度温和，只有在资源不足的情况下才会导致竞争的出现。重叠度较低的事实也说明目前我国养老产业发展的环境资源相对充足，种群间没有出现激烈的竞争，可实现错位发展。

5.2.4 生态位宽度与重叠度的产业生命周期界定

从第 2 章产业生命周期理论可知，和其他产业一样，养老产业存续的生命轨迹也分为初创期、成长期、成熟期和衰退期。各行业种群生态位之间的关系也随着时间的推移和环境的变化而不断变化，如图 5-6。

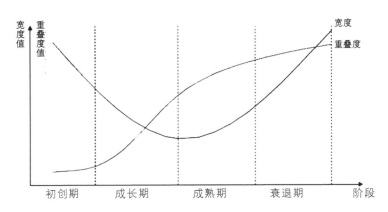

图 5-6　养老产业生命周期生态位宽度与重叠度趋势图

养老产业在初创期尚未形成，涉老企业大多为多种经营、多业态综合发展，涉足领域大而广，有的仅有"养老"之名，并未以养老项目为主营业务。此时，参与竞争的企业数目少，产业生态位宽度较大，产业内部各行业资源共享，尚未形成竞争，因此，此时生态位重叠度最小。

养老产业在成长期迅速成长，更多企业加入竞争，产业内部各行业会逐渐找到自己的竞争优势，专营专注于自身盈利性较强的经营项目，企业会选择专业化战略，生态位特化发展，因此生态位宽度逐步缩小。随着资本的逐利性选择，加入市场的企业逐渐增多，此时行业间是有序的激烈竞争时期，形成生态位重叠，此时的生态位重叠度强。

成熟期不同的行业向各个层次的生态位靠拢，某些企业成为行业领导者，竞争结构趋向稳定，大多数行业企业间的竞争变缓，生态位逐步形成分离，但是在竞争中存活下来的行业一般具有某些核心优势，即区别于竞争行业的关键生态位[150]。此时养老产业行业企业实施多元化战略，生态位泛化发展，因此生态位宽度增加。

随着环境的变化，衰退期养老产业中生态位重叠度会继续增长，趋向无序竞争，竞争会更加激烈，企业为了生存会拓展自己的领域寻求新的利基市场，导致养老产业的生态位宽度会越来越大。企业在此阶段的决策很可能会打破在成熟阶段的竞争相对平衡的状况，导致行业的波动；并且这种平衡会持续地被打破，整个产业内的生态系统也会不断地被整合，并寻求新的生长点，如表5-5。

表5-5　养老产业生命周期各阶段生态位宽度与重叠度的关系

阶段	生态位宽度	生态位重叠度
初创期	较大	较小
成长期	逐步缩小	产生重叠，快速增大
成熟期	逐步扩大	缓慢增大
衰退期	越来越大	持续增大

由图5-4和表5-4可以断定，目前测度的我国养老产业生态位宽度值高，而重叠度小，说明养老产业整体处于初创期，企业较少，先进入市场的开创企业在初创期呈现"一家独大"，以养老业务为主的上市公司处于寡头垄断地位，整个产业处于逐步被认可、接受的萌芽阶段，养老产业发展中明显存在行业定位不准确、产业要素地域集中程度低、未形成规模效应和引领性品牌，致使一方面养老需求未能充分得到释放而转化为市场需求；另一方面养老供给整体呈现低水平"内卷化"态势，由于系统总体规模小、科技水平低、资源分布密度低等原因，系统内的各类主体在当前的生产经营水平上反复进行低层次竞争，导致产业结构、国家组织结构、科技水平等升级困难，反过来又推动低层次竞争加剧，缺少可持续发展动力。

5.3 养老产业生态位"态—势—能"评价

生态位的态势理论的评价框架类似于中医上的阴阳理论，"气""血"理论[151]。养老产业生态位的态是产业过去生产经营的结果，是生存力的表现，可用其拥有或控制的资源来表示。势是产业所表现出的经营能力和发展势头，可用其发展能力、发展势头和发展空间来表示。以生态位的态势理论为基础，在此基础上加上"能"的因素，构建"态—势—能"三维评价体系，对养老产业进行多维度综合评价研究。

5.3.1 分析框架与评价维度

虽然养老产业生态位构成变量包括政策、资金、技术、服务和人才等，但根据生态协同学理论，在系统变化的临界点附近，能够起关键作用的因子只有少数几个，表现为序参量特征。根据第3章对养老产业因子系统的分类，将养老产业生态位关键因子归纳为三类：市场生态位、技术生态位与资源生态位。这三类因子基本上涵盖了养老产业生态环境的各个方面，它们是推动系统演化的关键力量，这些因子之间不同类型的组合构成了各行业种群生存演化的生态位。同时，不同因子自身具有明显区别于其他因子的识别特征。通过市场生态位反映养老产业对国民经济当前的贡献，通过技术生态位反映养老产业的竞争能力，通过资源生态位反映养老产业的持续发展能力和长期效益。

它们相互制约、关联影响。通过技术生态位培育多样化的新兴技术，促进养老产业不断稳定成熟，形成主导设计，赢得更大资源发展空间；通过市场生态位为技术创造需求，让消费者了解和认知新产品[152]，扩大使用范围；通过资源生态位使新兴产业在市场竞争中发展壮大。以生态位的态势理论为基础，在此基础上扩充"能"的因素，分别从市场生态位、技术生态位和资源生态位三个方面，代表"态""势""能"三个维度，对养老产业生态位进行评价研究，如图 5-7。

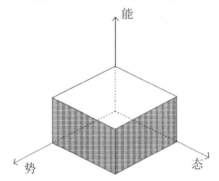

图 5-7　养老产业生态位"态—势—能"三维图

5.3.2 评价体系构建

养老产业生态位评价指标体系是养老产业发展水平系统的结构框架，指标体系的设置在时间上反映养老产业生态位演化的速度和趋向，在空间上反映养老产业演化整体布局和结构，在数量上反映养老产业演化规模和效益，在层次上反映养老产业演化功能和水平。为了量化养老产业生态位，从"态""势""能"三个维度构建评价指标体系，对应测度养老产业的市场、技术和资源生态位水平。

5.3.2.1 市场生态位因子

市场生态位由各养老行业种群产品服务的供需状态所决定，对应于自然环境中生物种群的空间分布，集中反映各行业对养老社会需求的市场开发水平、供给结构和规模对市场需求的适应水平、生产和运营效率、所面对的市场竞争激烈程度和竞争能力等。养老产业市场生态位因子主要由盈利状况、运营能力和社会支持度 3 个变量的 8 个指标构成。

5.3.2.2 技术生态位因子

技术生态位由养老行业的科技储备和研发能力所决定，对应于自然环境中生物种群的进化动态，集中反映各行业开展科技创新活动的主动性、投入规模、产出效率。养老产业技术生态位因子采取技术研发投入和技术研发产出 2 个变量的 4 个指标。

5.3.2.3 资源生态位因子

资源生态位由各养老行业的资源占用结构和规模所决定，对应于自然环境中生物种群的营养级占用状态，集中反映各行业的资源存量、需求预期、汲取途径和其稳定性、外部风险。具体划分为企业规模、资本结构、成长能力及偿债能力四个变量的 11 个指标。各因子的变量类型及具体衡量指标及计算公式，如表 5-6 所示。

表 5-6　养老产业生态位评价体系变量分解

分析维度	变量类型	具体指标	指标意义	计算公式（单位）
市场生态位因子	盈利状况	销售毛利率	反映公司产品的竞争力和获利潜力	$\dfrac{\text{销售净收入}-\text{产品成本}}{\text{销售净收入}}\times100\%$（%）
		净资产收益率	衡量公司运用自有资本的效率	$\dfrac{\text{税后利润}}{\text{净资产}}\times100\%$（%）
		每股收益	综合反映企业获利能力	$\dfrac{\text{税后利润}}{\text{股本总数}}$（元）
	营运能力	总资产周转率	衡量企业资产运营效率	$\dfrac{\text{营业收入}}{\text{总资产}}\times100\%$（%）
		存货周转率	衡量企业生产经营存货运营效率	$\dfrac{\text{营业收入}}{\frac{\text{期初存货}+\text{期末存货}}{2}}\times100\%$（%）
		现金周转率	衡量企业对现金的利用效率	$\dfrac{\text{营业收入}}{\frac{\text{期初现金}+\text{期末现金}}{2}}\times100\%$（%）
	社会支持度	企业价值增长率	即全年平均市值，衡量企业年度涨幅／跌幅的程度	$\dfrac{\text{本年度股票均价}-\text{上年度股票均价}}{\text{上年度股票均价}}\times100\%$（%）
		无形资产	维持企业生存发展、树立企业形象的重要因素	年末无形资产（亿元）

（续表）

分析维度	变量类型	具体指标	指标意义	计算公式（单位）
技术生态位因子	技术研发投入	研发人员占比	代表企业研发能力的软件配备	$\dfrac{研发人员数}{企业职工总数}\times100\%$（%）
		研发费用占比	企业研发投入的资金力度	$\dfrac{股东权益总额}{资产总额}\times100\%$（%）
	技术研发产出	技术人员数	代表企业技术能力的软件配备	年末技术人员人数（人）
		专利数	代表企业技术研发投入的产出成果	年末获授权专利数（项）
资源生态位因子	企业规模	员工总数	衡量企业规模的软件配备	年末在岗职工总人数（人）
		总资产	衡量企业规模的存量	年末资产总计（亿元）
		营业收入	衡量企业年度收入规模	年末营业总收入（亿元）
	资本结构	股东权益比率	反映企业资产中所有者投入的多少	$\dfrac{股东权益总额}{资产总额}\times100\%$（%）
		固定资产比率	表示企业固定资产有无资金闲置的现象	$\dfrac{固定资产}{资产总额}\times100\%$（%）
	成长能力	总资产增长率	衡量当年资本积累能力和发展能力	$\dfrac{年末总资产增长额}{年初资产总额}\times100\%$（%）
		研发费用增长率	企业创新能力持续增长的势头	$\dfrac{研发费用-上年度研发费用}{上年度研发费用}\times100\%$（%）
		净利润增长率	企业当期净利润比上期净利润的增长幅度	$\dfrac{当期净利润-上期净利润}{上期净利润}\times100\%$（%）
	偿债能力	净资产负债率	衡量债权人发放贷款的安全程度	$\dfrac{总负债}{净资产}\times100\%$（%）
		流动比率	企业流动资产在短期债务到期以前，可变现偿还负债能力	$\dfrac{流动资产总额}{流动负债总额}\times100\%$（%）
		速动比率	企业流动资产可以立即变现用于偿还流动负债的能力	$\dfrac{速动资产总额}{流动负债总额}\times100\%$（%）

上述指标的选取既要客观反映现实，又要科学合理，结合统计数据的可获得性，本书主要从养老产业市场生态位、技术生态位、资源生态位三个层面选取了 23 个指标，将养老产业生态位分解成倒状树形指标体系，将总指标逐层分

解到最下层更具体的、可量化的子指标，计算时只需要知道最下层子指标原始
数据即可。

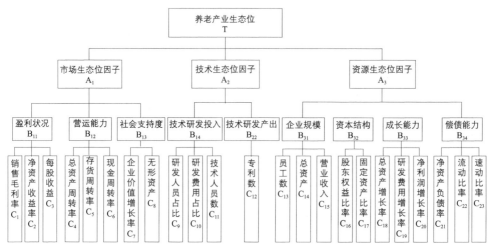

图 5-8　养老产业生态位综合评价指标体系

5.3.3 数据来源与样本选择

由于我国养老产业是一个新兴产业，在我国还处于发展的初步阶段，与传
统产业相比，它还没有形成规范性的统计文档，因此缺乏系统和严谨的统计资
料。这样对于全国范围内养老产业的发展数量、发展情况等都无法进行精准判
断。所以选取我国上市公司中的养老概念股涉及的企业作为研究样本：一方面，
从供给的角度看，上市公司具有规模大、资金雄厚、实力强的特点，在养老这
个新兴产业中大多属于寡头垄断或垄断竞争企业中具有规模经济的企业，因此，
高市场占有率的特点可以作为养老产业不同行业的典型代表。另一方面，从需
求的角度看，养老上市公司代表着众多消费者对该行业、企业的认可和支持，
上市时间越长、财务质量越高，其越被消费者看好，市场潜力越大。因此，以
上市公司中养老产业上市公司的发展状况来研判我国整体养老产业的发展具有
可行性。

基于 Wind 数据库中 2018 年养老产业企业年报，选取沪深两市截止到 2018
年年底持续上市的 229 家养老概念股上市公司综合数据。依据前文养老产业划
分的 14 个行业分类，共筛选出 220 家上市挂牌公司作为样本。样本公司 23 个

指标均采用 2018 年公开的数据。涉及的财务数据来源于 Wind 数据库，其他非财务数据从样本公司年报中手工整理得出。

5.3.4 改进的突变级数评价模型构建

传统的态势模型评价方法主要有两类：第一类是将生态位的"态"和"势"作为两个层面，通过构建不同的评价方法分开测度，但由于两套评价方法用于相同的评价对象难免会受评价尺度不一致、运算量大而产生较大误差[153]；另一类指标体系的构建通常是基于主观经验主义的，不考虑具体问题的特殊性，没有对指标体系本身构建是否合理的检验。近年，还有一些学者从网络关系的视角构建生态位态势评价模型，然而养老产业的动态性及敏感性决定了其生态位因子的发展方向和性质经常会发生飘移甚至是突变，原有的生态位平衡被打破，不能适应新生态位的行业种群将会被淘汰。其特殊性决定了该产业研究边界模糊，数据缺乏，起决定作用的序参量因子多。此时，突变论方法的优势便凸显出来。

这种动态的研究方法通过运用集中突变函数建模，通过运用突变级数法去拟合对生态位系统的观察和统计资料，能够抓住矛盾的主次关系，是矛盾关系的运算，适合多目标综合评价，可以便捷地找到突变点，对系统的运动作出决策，弥补以往静态评价方法的不足[154]。该方法可以将养老产业这个复杂系统根据目标在归一公式中的内在矛盾具体量化，再由下向上用归一公式求出隶属函数，计算量小，易于编程，便于掌握，适合大量数据的运算，因此，可以用突变评价法来解决类似的多目标评价决策问题。

5.3.4.1 突变级数模型原理

突变理论是研究不连续现象的新兴数学分支，它是在系统结构稳定性理论、拓扑学和奇点理论等基础上发展起来的。其主要思想是根据势函数，把临界点分类，进而研究各种临界点附近非连续性态的特征，即有限个数的若干初等突变，并以此为基础探索自然和社会中的突变现象。

突变级数模型的势函数 $f(x)$，其所有临界点集合成一平衡曲面，通过对 $f(x)$ 求一阶导数，并令 $f'(x)=0$，即可得到该平衡曲面方程。该平衡曲面的奇点集可以通过二阶导数 $f''(x)=0$ 求得。由 $f'(x)=0$ 和 $f''(x)=0$ 可得到由状态变量表示的反应状态变量与各控制变量之间关系的分解形式的分歧方程。利用突变理论中分歧点集方程与模糊数学相结合推导出突变模糊隶属（归一公式），归一公式将系统内部各控制变量不同的质态归化为可比较的同一种质态。由归一公式进行综合量化运算，最后归一为一个参数，即求出总的隶属函数，从而对评价目标进行排序分析。具体模型及计算公式见表 5-7。

表 5-7　突变级数法评价模型及公式

类型	折叠型突变函数	尖点型突变函数	燕尾型突变函数	蝴蝶型突变函数
示意图	$\begin{array}{c} x \\ \vert \\ a \\ \vert \\ a \end{array}$	$\underset{a \quad\quad b}{\overset{x}{\wedge}}$	$\underset{a\ \ b\ \ c}{\overset{x}{\curlyvee}}$	$\underset{a\ \ b\ \ c\ \ d}{\overset{x}{\curlyvee}}$
模型	$f(x)=x^3+ax$	$f(x)=x^4+ax^2$ $+bx$	$f(x)=\dfrac{1}{5}x^5+\dfrac{1}{3}ax^3$ $+\dfrac{1}{2}bx^2+cx$	$f(x)=\dfrac{1}{6}x^6+\dfrac{1}{4}ax^4$ $+\dfrac{1}{3}bx^3+\dfrac{1}{2}cx^2+dx$
变量数	a	$a,\ b$	$a,\ b,\ c$	$a,\ b,\ c,\ d$
分歧点集方程	$a=-2x^2$	$a=-6x^2$ $b=8x^3$	$a=-6x^2,b=8x^2$ $c=-3x^4$	$a=-10x^2,b=20x^3$ $c=-15x^4,d=5x^5$
归一公式	$x_a=\sqrt{a}$	$x_a=\sqrt{a}$ $x_b=\sqrt[3]{b}$	$x_a=\sqrt{a},x_b=\sqrt[3]{b}$ $x_c=\sqrt[4]{c}$	$x_a=\sqrt{a},x_b=\sqrt[3]{b}$ $x_c=\sqrt[4]{c},x_d=\sqrt[5]{d}$

　　然而，突变级数法对评价目标进行多层次矛盾分解，虽然无须计算指标权重，却没有对指标体系本身构建是否合理进行检验，容易因指标体系构建的主观性，造成较大误差，从而影响结论的科学性和合理性。

5.3.4.2 基于 SEM 法的突变级数方法优化

　　对传统的突变级数评价模型进行改进和完善，运用结构方程（SEM）对指标体系的有效性进行检验，以消除由于主观性而带来的评价误差。结构方程能够对抽象的概念进行估计与鉴定，以协方差的运用为核心，亦可处理平均数估计，适用于大样本分析，且具有理论先验性。

　　结构方程分析可粗略分为五大步骤，如图 5-9。

　　第一步，建立理论。根据研究对象，确定一个待研究的理论概念。

　　第二步，模型识别。在这期间构建由观测变量和潜变量组成的概念范畴。

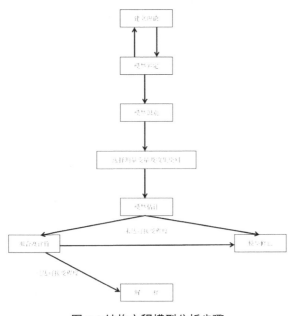

图 5-9 结构方程模型分析步骤

在复杂模型中，可以限制因子负荷或因子相关系数等参数的数值或关系。

第三步，模型估计。在建立一个结构方程的模型后，需要设法求出模型的解，其中主要是模型参数的估计。如通常所用的最小二乘法，使得模型隐含的协方差矩阵（再生矩阵）与样本协方差矩阵"差距"最小。

第四步，模型评价。首先，结构方程的解是否适当，其中包括迭代估计是否收敛，各参数估计是否在合理范围内。其次，参数与预设模型的关系是否合理。数据分析可能出现一些预期以外的结果。但各参数绝不应出现一些相互矛盾、与先验假设有严重冲突的现象。再次，检视多个不同类型的整体拟合指数。

第五步，模型修正。该步骤主要包括：首先，依据理论或假设，提出一个或数个合理的先验模型。其次，检验潜变量（因子）与指标之间的关系，建立测量模型，有时可能增减或重组题目。若用同一样本数据去修正重组测量模型，再检验新模型的拟合指数，十分接近探索性因素分析拟合指数，不足以说明数据支持或验证模型。再次，若模型含多个因子，可以循序渐进，每次只检验含两个因子的模型，确立测量模型部分的合理后，最后再将所有因子合并成预设计的先验模型，做一个总体检查。最后，对每一个模型，检验标准误差、T 值及各种拟合指数，据此修改模型并重复第三和第四步。

传统突变级数法的指标体系通常是主观定义得出的，这种以经验为主的方式会给指标体系带来一定的主观性，进而影响综合评价结论的可信度，通过以上的方法可以对指标体系的有效性进行科学的检验，进而实现突变级数法的改进。

5.3.5 生态位"态—势—能"测度

Step Ⅰ：原始数据的无量纲化处理。根据 220 家上市公司数据，先将原始 23 个指标数据加权平均，然后使用无量纲化处理公式。计算公式如式（5-10）。

$$C_i = \frac{C_i - \min C_i}{\max C_i - \min C_i} \qquad (5\text{-}10)$$

其中 i 样本数量取值范围为 1~220，标准化之后取值范围在 0~1 之间。由于篇幅受限，原始指标数据的无量纲处理结果此处不再附上。

Step Ⅱ：结构方程法指标体系检验。在确定养老产业生态位为待测度的理论概念后，考虑到指标体系的可测性、持续性、科学合理性以及可验证性，将构建的养老产业生态位态势能综合评价指标转化为结构方程模型中的潜在变量和观测变量，与上文构建的指标体系相对应，基于此确定观测变量 23 个，潜在变量 3 个。其中，观测变量即为图 5-8 中最底层的具体测度指标，潜在变量即为养老产业生态位的三个分析维度，即市场生态位因子、技术生态位因子和资源生态位因子，具体内容如表 5-8 所示。

表 5-8　潜在变量与观测变量的确定

潜在变量	观测变量
市场生态位因子（A）	销售毛利率（A_1）
	净资产收益率（A_2）
	每股收益（A_3）
	总资产周转率（A_4）
	存货周转率（A_5）
	现金周转率（A_6）
	企业价值增长率（A_7）
	无形资产（A_8）
技术生态位因子（B）	研发人员占比（B_1）
	研发费用占比（B_2）
	技术人员数（B_3）
	专利数（B_4）
资源生态位因子（C）	员工总数（C_1）
	总资产（C_2）
	营业收入（C_3）
	股东权益比率（C_4）
	固定资产比率（C_5）
	总资产增长率（C_6）
	研发费用增长率（C_7）
	净利润增长率（C_8）
	净资产负债率（C_9）
	流动比率（C_{10}）
	速动比率（C_{11}）

采用结构方程法对指标体系的有效性进行检验，应用 LISREL 结构方程模型软件，通过编程运行。此外，为了检验改进后的模型的稳定性，对该模型进行 T 检验和拟合优度检验。

T 值检验。应用 LISREL V9.2 软件计算的输出结果显示 23 项观测变量的 T 值取值范围为 2.00~3.31，均大于 2，结论显著，具体参数估计、标准差和 T 值的计算结果见表 5-9。

表 5-9　LAMBDA-X 输出结果

观测变量	参数估计	标准差	T 值
A_1	0.74	0.29	2.17
A_2	0.87	0.31	2.31
A_3	0.65	0.27	2.01
A_4	0.61	0.26	2.00
A_5	0.81	0.28	2.18
A_6	0.92	0.29	2.14
A_7	0.74	0.30	3.31
A_8	0.69	0.27	3.01
B_1	0.82	0.30	2.87
B_2	0.83	0.28	2.92
B_3	0.77	0.29	2.84
B_4	0.63	0.24	2.51
C_1	0.90	0.26	2.60
C_2	0.81	0.31	2.05
C_3	0.64	0.27	2.32
C_4	0.71	0.27	2.77
C_5	0.73	0.26	2.49
C_6	0.70	0.30	2.35
C_7	0.69	0.27	2.01
C_8	0.84	0.26	2.08
C_9	0.59	0.28	2.32
C_{10}	0.66	0.29	2.11
C_{11}	0.68	0.26	3.04

拟合优度统计量检验。在此处主要检验近似误差均方根（RMSEA）、拟合优度指数（GFI）、不规范拟合指数（NNFI）、比较拟合指数（CFI）等指标，其中 RMSEA 越小越好，在 0.08 以下可以接受；GFI、NNFI、CFI 则是越大越好，通常认为其值在 0.9 以上为好。模型输出结果如表 5-10。

表 5-10　拟合优度统计量检验结果

RMSEA	GFI	NNFI	CFI
0.02	0.91	2.26	1.04

从模型的输出结果来看，该模型的 RMSEA = 0.02 ＜ 0.08，GFI = 0.91>0.9，NNFI = 2.26 ＞ 0.9，这说明模型的拟合程度很好，同时模型的 CFI= 1.04 ＞ 0.9，模型无须修正，即本书构建的养老产业生态位综合评价指标体系是合理的，且稳定性较强。

Step Ⅲ：识别突变系统类型。突变理论中用于描述系统的变量分为状态变量和控制变量。状态变量是用来表示系统的行为状态，是指可能会出现突变的量，通常使用一组参数来描述。系统存在一个用以描述其性或内部能量的关于状态变量的函数，通常称为势函数。当系统处于稳定状态时，该函数的值是固定不变的；而当参数变化到某一范围时，该函数值存在多个极值，系统状态会从稳定状态进入不稳定状态，即发生突变。

控制变量可影响系统的行为状态的各个因素进行描述，突变模型的势函数的所有临界点可集合成一个平衡曲面，对其一阶求导并令 $f'(x) = 0$ 便可以得到该平衡曲面方程，对该曲面二阶求导令 $f''(x) = 0$ 可求得奇点集，两个方程联立求解，得到各状态变量与各控制变量间的分解形式的分歧方程。根据表 5-7，常用的突变模型有折叠型突变函数、尖点型突变函数、燕尾型突变函数和蝴蝶型突变函数。养老产业生态位态势能测度属于多因素的系统评价，此时根据控制变量 x 的多少以确定其函数类型。例如从图 5-8 可见，市场生态位因子的盈利状况（B11）有三个控制变量销售毛利率（C_1）、净资产收益率（C_2）、每股收益（C_3），则为燕尾型突变函数。以我国养老产业 220 家上市公司截止到 2018 年年底的统计数据，构建突变级数评价模型，具体见表 5-11。

表 5-11　综合评价指标适应的突变模型结构

T	A₁	A₂	A₃	B₁₁	B₁₂	B₁₃	B₂₁	B₂₂	B₃₁	B₃₂	B₃₃	B₃₄
燕尾模型	燕尾模型	尖点模型	蝴蝶模型	燕尾模型	燕尾模型	尖点模型	燕尾模型	折叠模型	燕尾模型	尖点模型	燕尾模型	燕尾模型

Step Ⅳ：导出归一公式。根据突变理论，通过对 $f(x)$ 其一阶导数为 0，即解 $f'(x) =0$ 可得其临界点集。通过对 $f(x)$ 其二阶为 0 可得其奇点集。将两方程联立，消去 x 后可得该突变系统的分歧点集方程（如表 5-7）。分歧点集

方程是指若控制变量满足此方程条件时，系统就会发生突变。通过分歧点集可进一步推导出归因公式。

Step Ⅴ：用归一公式进行评价。从下向上逐层演算至最高层可得到养老产业不同行业的生态位满足突变理论的要求，在进行模糊综合评价时遵循互补与非互补原则。如果系统的控制变量间存在明显的互补关系，则取平均值作为系统值；反之，若控制变量间不存在互补关系，则取控制变量对应的突变级数数值的最小值作为系统的状态变量值，即突变级数，计算结果详见附录表 1-6。为了指标体系的简明性和典型性，在选择评价指标体系时选取的均为互补关系的指标，共同诠释每一个变量。

运用突变级数法从市场、技术、资源因子三个不同的维度来计算企业生态位综合实力，将三个生态位因子逐层分解到最底层量化指标，确定不同层次之间突变函数模型 $f(x)$ 的类型。其中，$f(x)$ 表示状态变量 x 的势函数，a、b、c、d 是该状态变量 x 的控制变量，状态变量和控制变量是势函数矛盾的两个方面。最终得到 14 个行业种群的市场生态位、技术生态位、资源生态位及综合生态位测度值及排序见表 5-12。

表 5-12　养老产业行业种群生态位测度结果

行业种群	市场生态位	排序	技术生态位	排序	资源生态位	排序
A 农、林、牧、渔业	0.77	7	0.46	6	0.71	14
C 制造业	0.82	1	0.43	12	0.76	1
E 建筑业	0.80	3	0.51	2	0.75	2
F 批发和零售业	0.78	5	0.50	4	0.75	2
H 住宿和餐饮业	0.77	7	0.32	14	0.75	2
I 信息传播、软件和信息技术服务业	0.76	10	0.52	1	0.74	10
J 金融业	0.76	10	0.44	9	0.75	2
K 房地产业	0.79	4	0.44	9	0.75	2
L 租赁和商务服务业	0.76	10	0.46	6	0.75	2
M 科学研究和技术服务业	0.76	10	0.51	2	0.73	12
O 居民服务、修理和其他服务业	0.78	5	0.37	13	0.73	12
P 教育	0.75	14	0.48	5	0.74	10
Q 卫生和社会工作	0.81	2	0.44	9	0.75	2
R 文化、体育和娱乐业	0.77	7	0.46	6	0.75	2

5.3.6 生态位"态—势—能"测度结果分析

根据表 5-12 绘制养老产业生态位对比雷达图，如图 5-10，分别从综合评价、市场生态位、技术生态位和资源生态位四个方面对测度结果进行评价分析。

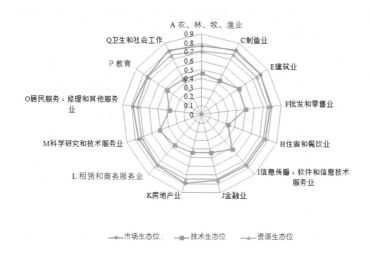

图 5-10　养老产业行业种群生态位测度对比雷达图

5.3.6.1 养老产业生态位分维度测度结果分析

综合来看，养老产业生态位总体处于较初级的发展阶段，且三个维度发展不均衡，其中，市场生态位位于圈层的最外侧，得分最高，均高于 0.75，说明养老产业对经济的贡献大，市场需求量大，能整体拉动我国的经济发展。养老产业有望成为我国支柱性、战略性产业和经济增长的主要引擎。中间圈层是资源生态位，其测度结果均在 0.70~0.80 之间，说明养老产业的持续发展能力和长期效益较高，养老产业发展潜力巨大。最内侧的圈层是技术生态位，分值在 0.32~0.51 区间，反映出养老产业的竞争能力欠缺，是目前制约我国养老产业发展的瓶颈，也是未来国家以及行业、企业需要攻克的方向。培育和提高技术生态位是我国养老产业的当务之急。

从市场生态位测度结果（图 5-11）可以看出，不同行业市场生态位因子测度结果区分度较低，整体在 0.75~0.82 之间。目前，对我国经济发展贡献最大的是养老制造业，属于养老产业中的支柱产业，处于整个养老产业链的上游。

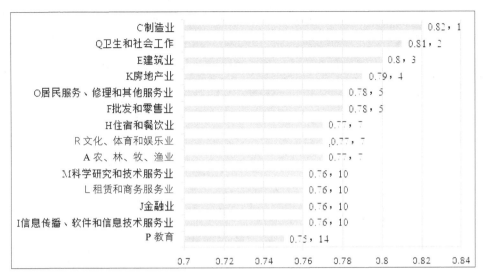

图 5-11 养老产业市场生态位测度结果排序

养老制造业涉老企业的上市公司是整个产业中最多的，近年来我国养老制造业市场规模增速呈上升趋势。仅 2018 年，浙江医药、华北制药为代表的 1200 家企业制作化学原料药品的公司收入高达 3843 亿元；人福医药、东阳光药业为代表的 1100 家企业制造化学药品制剂的企业收入高达 8715 亿元；广州医药、华润三九等为代表的制作中药饮片加工制造企业收入高达 6370 亿元。专家预测，未来整个养老制造业的市场潜力大概在 30 万亿元以上。排名第二的是卫生和社会工作，这与目前我国老龄化人口总量增多、高龄老人以及不便自理的老人需求量大有关。排名第三的是建筑业，随着养老产业的发展，专用的养老医疗、养老地产以及一些医养结合的养老模式，其住宿及餐饮地都须符合国家标准，因此滋生了一大批养老建筑业的需求。相比之下，排名最后的是养老教育业，测度结果仅为 0.75。虽然国家出台各种政策助推养老服务业，如 2019年国务院办公厅印发《关于推进养老服务发展的意见》在第五方面"促进养老服务高质量发展"中，提出要大力发展老年教育，但总体来看，相比于其他养老行业，养老教育业发展迟缓，市场活力尚未充分激发。总之，虽然由突变级数法从下往上测算的由 8 个指标构成的盈利状况、运营能力和社会支持度三个变量得分各不相同，但最终测算出来的市场生态位因子得分区别不大。不同行业种群对国民经济当前的贡献大致持平，总体的收益数量和收益质量都较高。

养老产业属于吸金产业，呈朝阳式发展，这也是为何越来越多的企业转型为养老产业的原因。

从技术生态位测度结果（图 5-12）可以看出，不同行业种群的差异较大，整体在 0.32~0.52 之间。这其中，排名第一的是信息传播、软件和信息技术服务业，该行业的得分达 0.52；其次是建筑业与科学研究和技术服务业，这两个行业的测度结果为 0.51。不难看出，这些行业要想俘获老年群体均需要高精尖端技术才能在科技发展迅猛的当代社会生存，因此，这些行业能占据涉老企业技术的制高点，进而提升整个行业的竞争力。排名第四的是批发和零售业，其得分为 0.5。究其原因主要在于做批发和零售业的涉老企业往往是多产业、多项目经营的复合式企业。随着国家政策不断向涉老企业倾斜，越来越多的企业注重科研投入与产出。这些批发零售企业往往兼顾生产、加工及制造，但在企业注册时以批发零售为主营业务，随后逐步拓展业务范围。因此，科研投入与产出多带来的就是该企业成果转化能力强，进而在市场中的竞争力就越强，形成了良性循环。例如以批发业为主的浙江英特集团股份有限公司的研发人员及技术人员占比总计 7%；以零售业为主的华东医药股份有限公司 2018 年研发人员占比 6.52%，研发支出占比 8.6%，获得授权专利 12 项；以批发业为主的九州通医药集团股份有限公司技术人员近千人，授权专利 30 项；以零售业为主的上海医药集团股份有限公司 2018 年研发支出占比 7.14%，技术人员共计 5290 人，

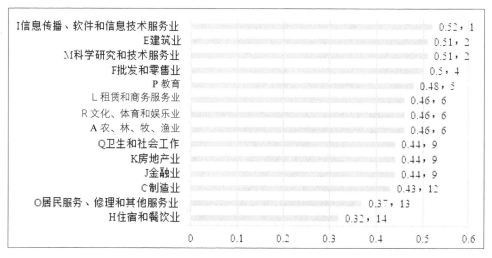

图 5-12　养老产业技术生态位测度结果排序

获得授权专利 88 项。从上述企业数据不难看出，注重科技研发的企业往往能获取较高的技术生态位。从技术生态位来看，养老制造业的优势全无。整个养老制造业的从业企业，企业的单体规模以及整个的配套厂商的规模不大，造成继续再投入的资源有限。全世界有 6 万种老年用品，日本有 4 万种老年用品，而我国养老制造业的产品仅不到 3000 种，中国老年用品的品类不足，养老制造业的技术远远滞后于发达国家。排名最后的是住宿和餐饮业，其得分只有 0.32，与排名第一的得分差值达 0.2。如广州岭南集团控股股份有限公司，1993 年成立至今，公司各项指标态势良好，但不注重科技的投入，因此技术生态位因子得分被拉低。诸如此类企业均反映出不同行业的竞争能力差别较大，越是无须太高技术就能提供的服务行业，其竞争力就越弱。

　　从资源生态位测度结果（图 5-13）可以看出，各行业市场生态位评价值最接近，标准差小，一共分为 5 个梯度。制造业以总分 0.76 的绝对优势位居榜首，该行业的持续发展能力和长期效益最高；第二梯度是文化、体育和娱乐业，卫生和社会工作，租赁和商务服务业，房地产业，金融业，住宿和餐饮业，批发和零售业，建筑业，这 8 个行业的测度结果均为 0.75；第三梯度是教育、信息传播、软件和技术服务业，这 2 个行业的测度结果均为 0.74；第四梯度是居民服务、修理和其他服务业与科学研究和技术服务业；排名最后的是农、林、牧、渔业，其持续发展能力和长期效益目前不被看好。总体来说，养老产业上市公

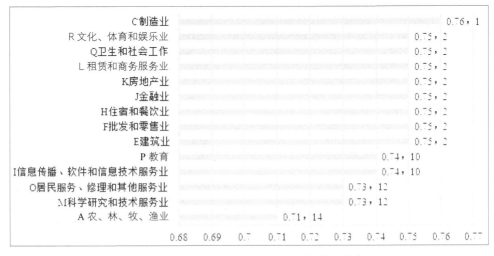

图 5-13　养老产业资源生态位测度结果排序

司的企业规模、资本结构、成长能力、偿债能力均良好，养老产业整体发展势头良好，具有较强的持续发展能力，未来长期效益可观。虽然目前不同行业总体差别不大，但将来涉老行业之间在资源分配层面各行业的重叠度高，竞争激烈程度也会随之增高。

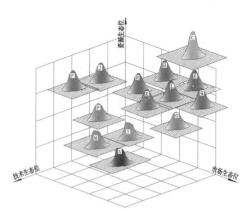

图5-14 行业种群生态位空间示意图

根据表 5-12，通过 AutoCAD 软件绘制不同种群在生态位空间的基础生态位示意图，如图 5-14。由图 5-14 可见，各行业种群是一个立体的山包状形态，山的顶点高度代表该行业生态位宽度的 $B_{(L)i}$ 值，底部的开阔程度代表生态位宽度的 $B_{(sw)i}$ 值。由于各行业测度值区分度不高，在此，仅绘制一个空间的示意图，并非实际值。在此，绘制的各行业形态也是大致示意图，并未按实际生态位宽度测度值来绘图。

由图 5-14 可见，不同的资源生态位决定了该种群的空间高度，五种不同的颜色代表资源生态位的五个不同梯度。

5.3.6.2 养老产业生态位分行业测度结果分析

根据表 5-12 养老产业行业种群市场生态位、技术生态位、资源生态位的测度值，绘制出我国养老产业生态位"态—势—能"值，如图 5-15。

由图 5-15 可见，我国养老产业整体未形成明显圈层，各行业测度结果交叉融合，未形成规模效应和引领性行业，行业发展的"态—势—能"三个维度此消彼长。说明养老产业发展中明显存在行业定位不准确，产业要素地域集中程度低，投

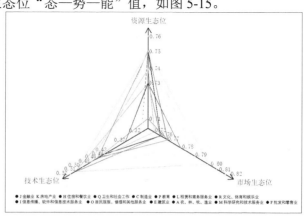

图5-15 养老产业生态位"态—势—能"测度值

资中"热钱""快钱"多等问题,致使一方面养老需求未能充分得到释放而转化为市场需求,另一方面养老供给整体呈现低水平内卷化态势而缺少可持续发展动力,说明发展战略存在施政方向和着力点不够精准的问题。

根据表 5-12 种群测度值的排序,将各行业以排序先后为依据,通过 AutoCAD 软件绘制各行业种群的生态位的空间投影如图 5-16。

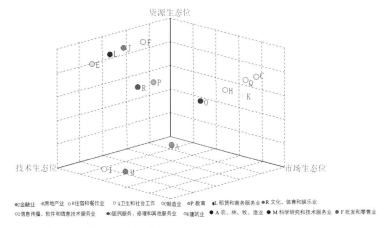

图 5-16 养老产业生态位"态—势—能"空间投影图

从图 5-16 可以清晰地看出,不同行业的发展各有特点,在此,将空间投影点分为市场约束型、技术约束型和资源约束型三类。市场约束型指的是技术生态位和资源生态位排名均靠前,而市场生态位排名相对落后的行业。投影在"资源—技术"生态位平面的点归类为市场约束型。它涉及建筑业(E),批发和零售业(F),金融业(J),租赁和商务服务业(L),教育(P),文化、体育和娱乐业(R)6 个行业;技术约束型指的是市场生态位和资源生态位排名均靠前,而技术生态位排名相对落后的行业。投影在"资源—市场"平面的点归类为技术约束型。它包括制造业(C),住宿和餐饮业(H),房地产业(K),居民服务、修理和其他服务业(O),卫生和社会工作(Q)5 个行业。资源约束型指的是市场生态位和技术生态位排名均靠前,而资源生态位排名相对落后的行业。投影在"技术—市场"生态位平面的点归类为资源约束型。它由农、林、牧、渔业(A),信息传播、软件和信息技术服务业(I),科学研究和技术服务业(M)3 个行业组成。

（1）市场约束型

市场约束型的 6 个行业中，技术生态位和资源生态位排名均靠前，而市场生态位排名相对落后，尤其是金融业（J）、租赁和商务服务业（L）、教育（P）排名均在 10 名之外，成为该行业发展的短板因素。

养老建筑业三个维度的生态位水平排名都很靠前，均在前三名的位置。随着国家对老年群体的逐步重视，养老设施建筑设计规范也逐步提高标准，如2014 年开始实施（GB 50867—2013），养老建筑业技术水平逐渐增强，但目前我国养老建筑业的发展与老龄化程度较高的日本、德国等国家相比还有很大差距。近些年老年住宅、综合性养老社区逐步出现，但是由于位置过偏或价格过高，至今无人问津。因此，未来养老产业的跨越式发展需要建筑业的带动辐射作用，也需要国家、企业和公众的共同努力。

养老批发和零售业三个维度的生态位水平排名都很靠前。主要是由于对于涉老企业批发与零售业的统计没有专门的统计部门与归口，因此该行业并未完全从传统的批发与零售业剥离出来。随着我国医疗技术与世界接轨，且在重大疾病领域有了技术性突破，相关企业加大了产品研发力度，市面上保健品、理疗器械以及生活辅助用品类目丰富，养老批发和零售业中针对老年人生理特征的日用品的销售逐渐增多。未来，这类生活类服务业会随着老龄人口数量的增多，该行业市场和潜力巨大。

养老金融业只有资源生态位位于第二，市场生态位和技术生态位均落后。目前，我国养老金融领域缺乏创新，体现为产品形式单一，没有充分考虑老年人实际需求，在老年人群中接受度低。目前，我国老年金融业尚处于起步阶段。总体而言，养老储蓄为代表的传统老龄金融服务在银行类养老金融产品中依然处于主流地位。绝大部分老年人对于养老金融业都比较陌生，仅仅是把退休金和儿女给的生活费变为银行存款。少部分老年人意识到金融养老、投资理财的重要性，主动参与到商业养老保险和银行理财产品中，但这部分群体体量较小，因此市场生态位落后。目前，工商银行、建设银行和中国银行等国有银行早已通过企业年金业务介入养老金融，招商银行、光大银行、中信银行等中小股份制银行也在养老金融上推出了不同特色的产品。然而，我国还未推出专门的养老金融产品，有的也仅是个别理财项目。

租赁和商务服务业资源生态位最强，排名第二，其次是技术生态位，市场生态位最弱，排在第十位。该行业属于养老服务业的一个分支，主要是为涉老产品和商务活动提供服务。虽然养老服务业整体市场贡献度高，发展潜力大，但租赁和商务服务业并未占据主要地位，主要依靠老年咨询、中介服务等，对经济拉动的杠杆效应还未充分发挥。从世界发达国家来看，该行业应该成为未来养老服务业的核心产业。如以商务服务业为主的北京元隆雅图文化传播股份有限公司、中国国旅股份有限公司利润率同比增长高达 35%，前者的授权专利达 71 项，可见发展潜力巨大。该行业还属于知识密集型产业，只有靠从业人员的专业知识的提升为老年消费者提供服务，发挥该行业的规模经济优势。

养老教育业技术生态位最强，排名第五；资源生态位排名第十；尤其是市场生态位排名最后，成为目前该行业的发展短板。2017 年 2 月国务院印发的《"十三五"国家老龄事业发展和养老体系建设规划》确定了养老教育业的重要性，提出落实老年教育发展规划，扩大老年教育资源供给，加强老年教育支持服务，创新老年教育发展机制，促进老年教育可持续发展，鼓励各界老年大学要进一步提高面向社会办学开放度，支持鼓励各类社会力量参与老年教育。但目前来看，我国老年教育业的发展仅停留在各区域公办老年大学或老年协会组织的活动，未形成产业化经营，与众多老年群体尤其是"60 后"为代表的高学历老年群体的广大需求存在严重缺口。

文化、体育和娱乐业资源生态位较强，排名第二；市场生态位和资源生态位均居中。其中，养老旅游业态势较强，可持续发展态势明显，第四次中国城乡老年人生活状况抽样调查成果显示老年人外出旅游意愿较强。2016 年，老年游客达到旅行社接待国内游客数量的 30%~40%，13.1% 的老人明确表示下一年有出行计划，老年旅游业产值逐年递增。但由于保险法不完善，异地旅游政策互认机制尚未建立，养老旅游市场的潜能远远没有发挥出来。养老文化用品发展较好的是老年报刊和图书。到 2018 年年底，全国老年报刊已经超过 100 家。与其他期刊发行量普遍呈下降趋势不同，这些期刊发行量稳步增长。原因主要是老年群体更青睐纸质媒体，而其他大多数期刊深受互联网的冲击。同时，老年电子出版物、老年智能玩具等用品也崭露头角。总体上来说，文化用品市场需求大，但开发研究投入不足。国外经验表明，如果能够针对高收入老年群体研究、开发和生产适销对路的文化用品，市场潜力看好。因此开发高端老年文化用品，是未来开发老年用品市场的一个重要增长点，也是大力发展养老文化产业的重要选择。

（2）技术约束型

技术约束型的 5 个行业，市场生态位和资源生态位排名均靠前，而技术生态位排名均处于第九名及以后。

制造业整体态势良好，市场生态位和资源生态位都占据第一的位置，但技术生态位明显滞后，位居第十二名。养老制造业的产品主要包括医药，保健，食品和医疗、护理、康复所用器械、设施、设备。全世界有 6 万种老年用品，而我国养老制造业的产品仅不到 3000 种，仅占养老制造业最发达的日本制造业品种的 7.5%。我国的老年用品的品类不足，养老制造业的技术远远滞后于发达国家。我国的养老制造业市场发展极不平衡，有的发展严重不足，存在产品空白地带。其中，老年服饰用品、老年康复辅具、养老护理用品、电子产品、医疗器械等产品均存在技术落后、市盛货缺等问题。养老日用品、保健品、殡葬用品发展迅速，但主要局限于一些低技术产品，或者核心技术掌握在海外公司，亟须加大技术研发和产出。

养老住宿和餐饮业的资源生态位排名第二，处于领先地位，整体看未来的发展前景可观。然而，市场生态位和技术生态位排名靠后，尤其是后者在整体产业中排名最后。由此可见，与我国老龄群体关系最密切的民政保障行业亟须加强技术水平，提高该行业的竞争能力和市场认可度。

养老房地产业务的核心是适老房屋出售和租赁，延伸至园区开发、配套建设、房产经营、物业管理、中介、社区服务等业务，与建筑业、金融保险业密切相关。市场化使得房地产具有较高的投资和储蓄属性，带动房地产业对地方的财政、就业、投资拉动发挥了巨大积极作用，从业主体、地方政府、消费者形成了事实上的合谋合力，推动居住地产、商业地产、工业地产等传统类型房地产较快达到市场饱和，出现了成本高涨、需求萎缩、风险加大、竞争激烈等问题，发展养老房地产成为拓展新兴细分市场的重要出口。养老房地产业的发展主要表现在三个方面：一是全行业进入市场，以万科、恒大、绿城、保利为代表的大型房地产企业和多数地方性房地产企业都在自然资源禀赋较好的地区建设或布局养老房地产项目；二是行业交叉发展迅速，养老房地产自 2011 年作为商业概念提出以来，与医疗、护理、康养、旅游、文娱等领域相互深度渗入；三是投资引力强，养老房地产概念股上市准备较为充足，多数走势稳定。因此，房地产行业的市场生态位和资源生态位排名均靠前。

居民服务、修理和其他服务业从测度结果看，该行业市场生态位较强，居于第五位。究其原因主要是由于高龄失能老人的家庭护理、临床护理等家庭服务需求较强。该行业技术生态位和资源生态位分别排在第十三和第十二位。目前，该行业市场化的服务主要是家政服务，但由于家政行业很不规范、人力资本价格上升、劳动力日益短缺的问题等原因，老年人的日常生活照料服务需求难以满足。随着未来养老服务高端化、低龄化的趋势，该行业应提升整体从业人员素质和服务标准，提升该行业的资源配置和利用能力以及竞争能力。

卫生和社会工作市场生态位和资源生态位均排名第二，但技术生态位较弱，仅排在第九位。老年人群的医疗需求集中体现在医疗保健、康复护理和生活照料。对于老年群体来说，在社区、医院之间的双向转诊和双向服务上尚在试点，政府提供的服务不够，而市场化的康复护理服务还在探索阶段，市场化的空间最大，因此，该行业市场生态位排名靠前。该行业包括的养老机构问题上也是问题重重，一是供需矛盾十分突出。目前，我国每千名老年人的老龄服务床位约为 25 张，发达国家平均水平是 50 张，存在严重的供不应求。同时，还存在空床现象。二是公办、民办发展不平衡。公办养老院一床难求，民办养老院政策难落实、运营困难、服务人员不稳定等问题。三是郊区养老院运行困难，而城市核心区，养老院十分匮乏。四是居家入户服务跟不上市场需求。总之，未来除了政策保障之外，还应制定明确的技术标准，提高技术服务稳定性，才能整体提高该行业发展。

（3）资源约束型

资源约束型由农、林、牧、渔业，信息传播、软件和信息技术服务业，科学研究和技术服务业三个行业组成。三个行业的资源生态位排名均排在十名之后。

农、林、牧、渔业各类因子生态位测度水平均处于中下游，尤其是资源生态位排名最后。究其原因主要在于该行业属于第一产业，尤其是以老年群体为目标市场的企业本身规模不大，没形成规模效应。这类企业往往投资大，回收成本时间长，因此偿债能力弱，导致其资源生态位因子的企业规模和偿债能力是影响该行业发展的瓶颈。针对老年群体的农作物的种植品种及产品短期内难以开发出来，因此，该行业技术生态位虽然排位居中，但由于养老产业技术生态位得分整体偏低，涉老农、林、牧、渔业的技术投入与产出也是该行业需要加强的因素。

信息传播、软件和信息技术服务业排名靠前的是技术生态位水平，居于第一的位置，但市场生态位和资源生态位均排名在第十位，排序较落后。近年，基于互联网、云技术和物流网技术的居家养老，家政服务系统以及老人健康远程监控系统崭露头角，但市场空间还有待提高，行业的技术优势还未赢得消费者认可，整个行业的资源整合能力还有待加强。要想保证持久竞争力，养老服务信息平台的构建，完善老年人信息数据库，用新兴业态拉动发展，成为新的产业经济增长点。

科学研究和技术服务业技术生态位最强，排名第二。该行业出现了一些业内的龙头企业，如苏交科集团股份有限公司、深圳华大基因股份有限公司。这些企业无论是研发投入人员占比、研发投入经费占比，还是技术研发产出专利数均居领先地位。然而，该行业的市场生态位和资源生态位测度结果排名靠后，分别排在第十和第十二位，说明该行业作为现代服务业靠其独有的科技优势并未发挥市场效应。未来可利用先进的科研优势，加大对老年保健品、康复及护理用品、助行试听用品、老年家居用品等刚需用品的研发力度，助推养老产业整体走科技化发展之路。

5.4 本章小结

本章通过重要值法对我国养老产业行业种群生态位宽度进行测度，对 24 个省市养老产业的重要值进行了测算对比，对 14 个养老行业生态位宽度进行了横向比较；对 Levins 公式进行优化，构建了生态位重叠度模型，对 14 个养老行业的重叠度进行了测算及评价，进而根据生态位宽度和重叠度值研判我国养老产业的生命周期还处于初创期；最终，本章从市场生态位、技术生态位和资源生态位三个方面，构建了养老产业"态—势—能"三维评价体系，运用 SEM 法对突变级数模型进行改进，对养老产业生态位进行综合评价，将测度结果进行分维度、分行业评价。

第 6 章　我国养老产业优化路径与发展策略

我国养老产业处于生命周期中初创期的末端，在国家政策、市场前景、社会需求的激励下，各行业种群均不同程度进入产业生态系统并进行生态位构建。一方面，各行业种群的生态位构建行为和资源分布状况相互塑造，从业主体数量增多和其中个体规模扩大使得生态系统外的资源因子不断被引入，系统内资源的总量持续增加，构成持续多样化，反过来激励各行业种群以扩充为主要内容进一步构建生态位。另一方面，各行业种群的生态位构建行为不利于协同演化，未在当前资源总量和结构条件下实现优化，突出表现为精准辨识社会需求能力差、专业市场开发效率低、过度依赖基础性资源、过早出现产品和服务趋同进化，因而发展状态低迷和内卷化竞争激烈的问题同时出现，限制了时空结构优化和科技升级，生态系统的稳定性和可持续发展并未因种群多样性得到保障。产业发展需要行业种群通过发展路径选择优化态势能结构，与自然生态系统无目的的自然演化不同，供给社会环境资源因子的国家和种群内的从业主体均具有主观能动性，前者可以实施产业发展宏观策略形成适当的选择压，通过优胜劣汰的格局引导推动行业种群进入科学发展路径，后者可以实施个体微观发展策略适应选择压形成的发展环境，通过具体行动推动行业种群选择科学发展路径。

6.1 我国养老产业发展优化路径

6.1.1 指导思想与战略目标

发展养老产业应当以习近平新时代中国特色社会主义思想为指导，坚持以人民为中心，贯彻落实创新、协调、绿色、开放、共享的发展理念，着力推进供给侧结构性改革，将养老产业发展与国家各项重大改革项目深度融合；培育统一、开放的养老市场，坚持市场资源配置基础手段地位，实现不同产业、行业资源配置、集聚、流动的优化；完善政府管理调控服务职能，加强治理能力建设，健全基层自我管理和服务体系；激励开展创新创业，丰富产品供给，创新服务模式，体系化地全面满足老龄群体需求；建立政府、企业、社会组织联动协作机制，充分发挥各类主体的投入积极性；集中力量对关键领域和重点项目进行攻关，实现核心技术、设备、材料的国产化和不断升级；塑造积极健康的社会环境和舆论氛围，放大非经济要素对养老产业的提质增效支撑作用。

发展养老产业是积极应对人口老龄化重大国家战略的重要组成部分，对经济增长方式、社会治理方式、个人生活方式，都具有全局、系统、长远的影响，将推动上述领域发生根本性变革。养老产业发展战略目标从属和服务于上位战略，参照《国家积极应对人口老龄化中长期规划》，其总体战略目标定为：建设养老产业和养老事业并重、相互支撑补充保障的养老工作格局，在政策和法律法规层面建成产业发展规范体系，建立全国统一、规范运行、开放活跃的养老市场，建设规模化、高质量、多重渠道、复合领域的养老产品和服务供给侧，健全居家社区机构"三位一体"养老服务配套体制机制，建立多元主体参与的科技研发体系和以企业为主要驱动主体的成果转化体系，建成养老、孝老、敬老社会环境和文化。

人口老龄化进程是养老产业发展的社会基础，其规模、速度和速率变化决定了养老市场的容量和结构，发展战略应当根据老龄化的阶段性特征拟定阶段性目标。

第一个阶段是急速人口老龄化阶段（2022—2036年）。老年人口数量从2.68亿增至4.23亿，人口老龄化率从18.5%升至29.1%。此阶段我国总人口数量达到历史峰值并转入负增长，老年人口数量增长最快，老龄化问题集中爆发，是应对老龄化问题最艰难的阶段。此阶段的战略目标对应于养老产业生命周期的成长期，主要内容为养老市场从全面放开到全面建成，实现养老产品全部所需品类的国产化，建成符合国情特色的养老服务体系，供给侧在内容和渠道上有序衔接、融合连续，养老科技创新和成果转化整体能力达到世界前列，老龄群体主要健康指标与高收入国家相当，基本养老保险和基本医疗保险应保尽保，在基础设施和思想文化两方面建成老年友好型社会。

　　第二个阶段是深度人口老龄化阶段（2036—2053 年）。老年人口数量从4.23亿增至 4.87 亿，人口老龄化率从 29.1% 升至 34.8%，均达到历史峰值。此阶段总人口负增长加速，高龄化趋势显著，社会抚养负担持续加重并达到最大值102%，我国成为全球老龄化形势最为严峻的国家。此阶段的战略目标对应于养老产业生命周期的成熟期，主要内容包括养老市场围绕高龄群体进一步拓展和分化，建成以满足失能、失智照护需求为核心内容的优质化产品和服务供给体系，养老服务在智能化、自动化、远程化方面取得抵消劳动力成本上升的重大进步，以专业机构为节点、辐射周边社区的网格化基层养老体制机制基本普及，社会环境持续友好化。

　　第三个阶段是重度人口老龄化阶段（2053—2100 年）。老年人口增长期结束，由 4.87 亿减少到 3.83 亿，人口老龄化水平稳定在 33% 左右。此阶段少儿人口、劳动年龄人口和老年人口数量以较为稳定的比例结构减少，重度老龄化持续高位运行，社会抚养比维持在 90% 以上。此阶段的战略目标对应于养老产业生命周期的衰退期，主要内容为养老市场完全开发，产品和服务供给体系和从业主体高度稳定，科技研发和成果转化达到人体衰老规律上限，对国外输出产值在产业中的比重逐步上升，城市、农村的经济和社会功能按照较长时期人口稳定预期实现空间和制度整合，居民生活达到发达国家水平。

6.1.2 养老产业生态位构建思路

　　作为复合生态系统养老产业呈现出生命周期初创期的典型特征，各行业种群不同程度显现出高市场期望值与低市场开发度并存、高技术需求与低技术储备并存、高资源因子涌入量与低资源利用率并存，说明产业内未形成营养级体系、各行业种群所处低位阶高度重合，一方面反映出复合生态系统的发展潜力巨大，一方面解释了当前低水平资源竞争的根源所在[155]。因此，我国各养老行业都必须全维度提升生态位，从而实现市场、技术、资源生态位的分化，形成合理的生态位结构。

　　由第 5 章我国养老产业生态位的测度结果可知，所有行业种群的市场生态位、技术生态位和资源生态位的测度值均为正值，即由三个坐标值定位的点的空间位置均位于空间三维坐标系的第 I 象限内，如图 6-1。

从三维空间图可以设想，在第Ⅰ象限这个封闭空间内，种群最理想状态下的空间生态位应达到 P (P_x, P_y, P_z) 点附近的区域。此时该区域的市场生态位、技术生态位和资源生态位均达到较高的水平。但 P 点这个特殊点对应的是一个较极端的状态，一般不会出现，该点是种群要达到的生态位目标区域。大多情况下行业种群生态位的测量结果将会落于

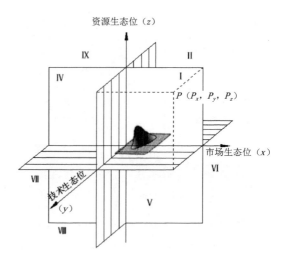

图 6-1　养老产业生态位空间象限图

三维空间内部，则优化路径可分为以下三种情况。

第一种，短期内首先提高市场生态位，长期再提高资源生态位及技术生态位，如图 6-2。

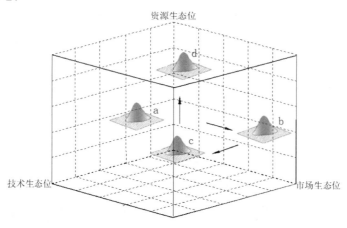

图 6-2　第一种构建思路

假设，某行业种群测得的生态位位于 a 区域。此时，行业种群技术生态位和资源生态位较强，而市场生态位相对较弱。该行业的目标生态位水平在 d 区域。为了达到该行业的标杆水平，可以通过合理配置人、财、物等资源，调动人的积极性和创造性，加强成本管理或提高盈利能力、营运能力以及社会支持度等方面，提高经济效益，从而提高其市场生态位，将该行业的生态位水平由

a 区域先优化到 b 区域，进而再提高技术生态位，达到 c 区域，最后再提高资源生态位，优化提高到 d 区域。

第二种，短期内首先提高技术生态位，长期再提高市场生态位及资源生态位，如图 6-3。

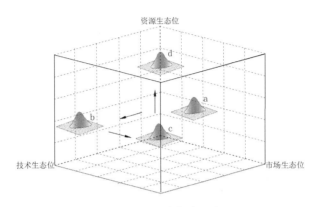

图 6-3　第二种构建思路

假设，某行业种群测得的生态位位于 a 区域。此时，行业种群市场生态位和资源生态位较强，而技术生态位相对较弱。该行业的目标生态位水平在 d 区域。为了达到该行业的标杆水平，行业、企业可以通过提高自身的技术研发投入、加强科研人员的投入或提高研发成果的产出等方面提高企业的竞争能力，从而提高其技术生态位，将该行业的生态位水平由 a 区域先优化到 b 区域，进而再提高市场生态位，达到 c 区域，最后再提高资源生态位，优化提高到 d 区域。

第三种，短期内首先提高资源生态位，如图 6-4。

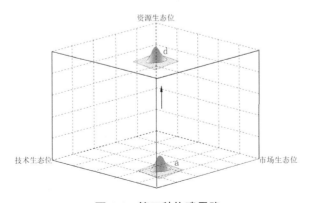

图 6-4　第三种构建思路

假设，某行业种群测得的生态位位于 a 区域。此时，行业种群市场生态位和技术生态位较强，而资源生态位相对较弱。该行业的目标生态位水平在 d 区域。为了达到该行业的标杆水平，行业企业可以通过调整规模、优化资本结构、提高成长能力和偿债能力，以提高其资源生态位，直至提高到 d 区域。

除了上述三种优化路径之外，现实的生态空间存在多种分布，此处仅阐述上述三种常见的路径选择。此外，除了短期行业种群选择提高一个维度的生态位水平之外，长远来看，另外两个维度的生态位水平优化顺序也有不同选择的先后性，结果为不同选择的排列组合。除此之外，行业种群也可以在保持原有生态位水平不变的条件下，三个维度综合提高，最终达到 d 区域。但这种情况仅适用于该行业实力强、资源无限、竞争小的情况，较罕见，在此不再详细阐述。

6.1.3 养老产业生态位构建方式

生物体改变并选择其所处环境的组成部分。这种"生态位构建"可以改变生态过程，改变自然选择，并通过生态遗产促进遗传。在此，笔者建议生态位构建以有序、定向和持续的方式启动和修改直接影响构造者和其他物种的选择。通过可靠地产生特定的环境状态，生态位优化通过对选择施加一致的统计偏差来共同指导适应性进化。

在限定的时间和空间范围内，养老产业可占用资源因子的构成、总量和比例具有限定性和稳定性，形成与相对封闭的资源系统，任一行业种群占用任一维度资源因子都构成系统熵，选择压一方面推动行业种群尽可能多地占用资源因子，另一方面促使其为保障持续占用原有资源因子构建壁垒，使得系统内资源因子占用趋于饱和、各行业种群生态位趋于稳定。养老产业生命周期不同阶段占用资源因子和构建壁垒的目标、路径、方法在不同情境中表现为生态位构建方式，如表 6-1。

表 6-1   养老产业不同生命周期生态位构建方式

阶段	适用情境	构建方式	生态位结构趋势
初创期	占用新生态位	先发策略	扩充
		后发策略	
成长期	进入由其他种群的生态位或在其他种群进入本种群生态位时持续占用	竞争策略	重叠
		共生策略	
		寄生策略	
	使用已被其他种群占用的相同生态位的不同资源因子	产业链策略	分离
		靶向化策略	

（续表）

阶段	适用情境	构建方式	生态位结构趋势
成熟期	使用已被其他种群占用的相同生态位的相同资源因子	规模化策略	分离
		订制化策略	
	不同种群发生生态位趋同再构建	联盟策略	扩充
		合并策略	
衰退期	同一种群发生生态位分化再构建	升级策略	分离
		保守策略	

6.1.3.1 产业初创期生态位构建方式

在养老产业初创期，社会需求规模和增速较大、潜在市场增长率高，但需要通过开发活动将其转化为市场需求；资源未被充分开发、相对易得，但需要探索资源因子获取路径和具体配置方式；产品和服务的种类、数量、形态较少，从事创新、扩张、品牌建设、标准体系建设较少受外部因素限制或影响，但同时上述活动也缺乏分担风险的渠道；科技水平处于产业生命周期最低点，但转化储备成果和发展新科技成果的路径不明确；从业主体间和行业种群间竞争不激烈、决策容错率高，但市场垄断程度低、进入壁垒低，对搭便车行为有较大激励；消费文化和社会舆情有较大可塑性。对从业主体而言，较早进入市场可以形成先发优势，同时承担较高的试错成本和风险，较晚进入市场可以形成后发优势，同时承担失去战略主动权和有利位置的风险。

对行业种群而言，选择压同时表现为推动行业种群从原产业析出的负压和吸引其进入养老产业的正压；各行业种群以自原产业扩充生态位为目标、集聚资源因子构建新生态位，面临的首要问题是占用生态位时机，很少有生态位重叠现象。从业主体普遍具有固定投入少、运行成本低、科技依存度低、抗风险能力强特点的种群适宜较早进入产业构建生态位，多数从业主体不具有上述特点的种群适宜较晚进入产业，待整体市场较为成熟后再优化生态位，分别形成先发策略和后发策略。

6.1.3.2 产业成长期生态位构建方式

在养老产业成长期，市场总需求规模较快增长，通用产品和服务市场快速饱和，拓展细分市场逐步成为利润增加的主要途径；资源得到较充分开发，获取路径和配置方式基本成熟，成本不断提高，资源竞争成为常态；产品和服务规模接近或超过总需求，出现了标准体系和典型品牌，创新压力增大，后进入者学习模仿的可行性降低；对产品和服务的科技含量要求提高，研发在投资中的比重加大，风险上升；资本、技术、劳动力在部分企业高密度集聚，一方面形成垄断或行业主导，一方面形成高进入壁垒；消费文化和社会舆情完成塑造，企业价值和品牌忠诚成为竞争力的重要内容。对从业主体而言，必须通过不断提高资源竞争能力以保证在市场规模扩大的态势中保持或扩大份额，否则个体难以存续。

对行业种群而言，生态位未完全重叠且占用结构相对稳定，各维度资源因子均被不同程度占用，资源竞争出现并不断加剧，选择压主要表现为各种群为扩充生态位宽度而互相施加的斥力和因对原生态位有资源路径依赖而形成的张力，各行业种群面临的主要问题是如何适应生态位重叠。

具体行业种群应对生态位重叠有五种选择：一是在继续占用原生态位的同时进入其他种群的生态位，将后者完整纳入自身生态位；二是在放弃占用原生态位的同时进入其他种群的生态位，将后者完整纳入自身生态位；三是在其他种群进入本种群构建的生态位时持续占用，保持自身生态位不变；四是在继续占用原生态位的同时，使用已被其他种群占用的相同生态位的不同资源因子，将其生态位部分纳入自身生态位；五是在放弃占用原生态位的同时进入其他种群的生态位，使用已被其他种群占用的相同生态位的不同资源因子，将其生态位部分纳入自身生态位。作出前三种选择的行业种群可以采取竞争、共生、寄生三种策略。

竞争策略适用于其生态位各维度资源因子已经在数量和方式上均被充分使用的种群，该种群多数从业主体将与其他种群从业主体在资源配置上发生零和博弈，博弈结果决定新的产业生态位结构。

共生策略适用于其生态位各维度资源因子在数量上未被充分使用的种群，以种群多数从业主体允许其他种群从业主体使用未使用的资源因子、种群间形成互利关系为前提。共生有三种可能性：一是种群活动无交集，未产生共同效果，即无关共生；二是种群活动无交集，客观上产生了共同构建抵御潜在竞争者壁垒的效果，或种群间在资源开发或交换等方面发生合作，达到互惠效果，即互利共生；三是种群活动存在交集，其中某个或数个种群使用的资源总量因此减少，但相对于发生竞争更有利于其存续，故接受共生局面，即偏利共生或偏害共生。

寄生策略适用于其生态位各维度资源因子在方式上未被充分使用的种群，该种群多数从业主体和其他种群从业主体使用相同资源，但某个或数个种群依托资本、政策、信息、科技、外部环境等方面优势占据了更高的资源使用层级，通过其他种群获取资源的效用。

在养老产业成长期向成熟期过渡阶段，各维度资源因子在数量和方式上均被充分使用，行业种群间的生态位重叠成为常态，竞争策略成为主要策略，普遍的竞争一方面破坏产业生态系统的稳定性，一方面形成内卷化风险、产业存在生命周期停滞的可能。各行业种群面临的主要问题是进行生态位分离，此时可采取上文第四种和第五种选择，核心内容是使用已被其他种群占用的相同生态位的不同资源因子，将其生态位部分纳入自身生态位，区别在于是否继续占用原生态位。继续占用原生态位的行业种群通过占用新资源因子实现资源重新配置与产品和服务的整合，建立跨越多个行业的产业链，以取代或部分取代其他行业种群效用供给的方式实现生态位分离。放弃占用原生态位的行业种群通过占用新资源因子实现产品和服务内容的创新或转型，针对某一领域进行靶向化效用供给，从而实现生态位分离。

6.1.3.3 产业成熟期生态位构建方式

在养老产业成熟期，社会需求和市场需求总规模不再增长甚至回落，开发细分市场已不具有效率，行业种群乃至于从业主体的市场份额基本稳定；资源获取路径和配置方式难以发生变化，资源成本维持在较高水平，资源竞争烈度趋缓；产品和服务趋于同质化，供给规模受预期利润率限制维持在不超过总需求的水平，在缺乏政策法律等外部规则干涉的情况下将出现寡头竞争乃至完全垄断，后进入者通过创新进入产业的可能性极低；科技含量在竞争中的作用和研发活动费效比下降，形成了较丰厚但转化效益低的成果储备体系；少数企业、品牌主导了消费文化和社会认知。对从业主体而言，维持正常运营特别是资金回笼成为关键问题，增强用户体验和形象构建成为重要竞争手段，战略性革新的可行性降低、风险放大。

对行业种群而言，市场增长率的锁死导致生态位高度重叠、内卷化竞争出现，基本形态是竞相使用已被其他种群占用的相同生态位的相同资源因子。选择压主要表现为维持原生态位的压力、对抗不可控因素的应力和种群趋同竞争带来的摩擦力。规模较大、在产业中具有垄断性的行业种群面临的主要问题是保持和使用垄断地位,规模较小、在产业中处于从属地位的行业种群面对的主要问题是实现差异化生存,均有进一步分离生态位的要求。前者适宜采取类似于 K 生态策略的规模化策略,即利用相对稳定的环境和资源供给培养数量少、存活能力高、低生育力的个体,表现为减少从业主体数量、扩大从业主体经营范围和规模,通过规模效益挤占其他种群的资源因子实现生态位分离。后者适宜采取 R 生态策略的定制化策略,即针对高风险环境和相对稀缺的资源培养数量多、存活能力差、高生育力的个体,表现为增多从业主体数量、专注于个性需求定制化供给产品和服务,利用长尾市场效应提高从业主体存活量而实现生态位分离。

在养老产业成熟期向衰退期过渡阶段,社会需求和市场需求下降态势明显,采取规模化策略和定制化策略的行业种群均面临资源愈发紧张、利润率持续下降的常态。前者之间和后者之间都将随着策略的推行发生零和博弈,同时前者将随着规模边际效益的出现进入长尾市场,后者在定制化方面的成功将促成规模化从业主体的出现,整个产业因而进入竞争格局。对各行业种群而言,面临的主要问题是扩充生态位,选择压主要表现为互相施加的退出压力。产品和服务异质化程度高的行业种群可以采取联盟策略,构建内部差异较大、结构相对稀疏的资源结构实现扩充,类似不同生物种群适应相同环境而发生趋同演化形成部分相同性状。产品和服务同质化程度高的种群可以采取合并策略,掌握基础性战略资源的行业种群吸纳其他种群形成新种群、占用原有资源因子,类似生活于不同地区的同一生物种群发生基因交流而形成新物种。

6.1.3.4 产业衰退期生态位构建方式

在养老产业衰退期,社会需求和市场需求总规模维持在较低水平,不再有新细分市场出现;资源为若干行业种群联盟或新行业种群所垄断,提供高度同质化的产品和服务,进行高频次、低烈度的竞争,缺乏后进入者;不再有基础性科技研发和重大成果转化;社会关注度下降使得政策红利消失。对从业主体而言,转入有更高利润率的产业或维持原状都是比扩大投资更好的选择。对行业种群而言,面临的主要问题是保障社会一般利润率、维持存续,选择压主要表现为退出原生态位的斥力和进入新生态位的引力。此时各种群内部将发生分化，部分具有产业升级可能性的从业主体将升级产生新产业，类似具有更好环境适应性的物种进化，部分严重依赖原生态位的种群和其从业主体将通过缩减规模应对衰退，类似已经特化的物种通过减少个体数量和种群密度继续繁衍。

6.1.4 养老产业生态位优化路径

根据第 5 章对我国养老产业生态位"态—势—能"的测度结果，按发展瓶颈将 14 个行业分为市场约束型、技术约束型与资源约束型 3 种类型，本节针对不同类型的行业设计了以生态位跃迁为核心的优化路径。

6.1.4.1 市场约束型优化路径

市场约束型涉及建筑业（E），批发和零售业（F），金融业（J），租赁和商务服务业（L），教育（P），文化、体育和娱乐业（R）6 个行业，除了继续保持技术生态位和资源生态位的优势之外，首先要弥补市场生态位这个短板，具体优化路径如图 6-2 提到的第一种生态位构建思路。以上行业发展均需要有力的指导、调控、服务，各级政府应当就细分市场开发、空间和行业布局、基础设施建设、管理机制改革、协同发展路径形成、社会环境营造等方面制定规划，实施长效培育。除此之外，涉老企业还应努力提高消费者认知度、自觉新兴细分市场开发，按照拓宽生态位的思路提高生态位水平，从而保障企业利润持续稳定地增长。

如养老批发与零售行业应尽可能从传统的国民经济分类中剥离出来，进行生态位错位经营，优化涉老企业的市场资源，充分利用"互联网+"的技术，与分销商、零售商、网络电商平台等建立合作共赢的长期伙伴关系，也可以抓住目前市场不饱和的现状向其他细分市场进行适当产品的投放。

如养老金融业要采取生态位泛化发展，拓宽生态位宽度，实现多元化经营战略，创新发展。养老金融业要整合社会资本，开发金融、风险投资等多种类与多行业的金融力量，实现多元化、多层次、人性化、简单化、均衡化的可持续养老金融市场格局，以实现健康发展。具体表现在：加大养老金融领域的创新力度；建立多元养老保险协同运行的保险体系；发展高效灵活的养老基金业务；推广诚信安全的养老信托业务；探索满足多元化需求的住房反向抵押贷款业务。

养老教育业要坚持需求导向，生态位错位发展，实现差异化战略，如扎根中国传统文化和地域特色，开发老年教育特色产品，满足老年人本土化学习需要，发挥老年人代际传承、弘扬优秀传统文化的社会价值。充分链接各类社会资源，拓宽老年人社会参与渠道，拓展教学活动环节，切实提升老年人的社会参与度，彰显老年人服务社会的人生价值与贡献。

6.1.4.2 技术约束型优化路径

技术约束型涉及制造业（C），住宿和餐饮业（H），房地产业（K），修理和其他服务业（O），卫生和社会工作（Q）5个行业，除了继续保持市场生态位和资源生态位的优势之外，首先要弥补技术生态位的不足，具体优化路径如图6-3提到的第二种生态位构建思路。该类型的行业、企业应当加大对企业员工的培训力度的资金投入，提高企业员工素质与工作效率，积极引进生产和经营方面的高层次管理人才，吸纳更多的技术型稀缺人才，与高校和科研机构建立良好的合作关系，提升人才储备，或增加研发投入与成果的转化来增强自身的竞争能力。

养老制造业尤其需要根据老龄人群的需求结构科学规划供给目标，通过健全老人物质生活、精神生活、社会生活产品线实现供给侧结构升级。政府应当根据当地实际建设制造业产业园区或企业集中区，提高科技研发资源配置效率，积极指导、帮助企业与研发机构、高校开展交流合作，拓宽技术资源供给基本面；还应当努力培育以核心企业为龙头、相关配套企业互为支撑的均衡制造业生态系统，解决核心企业缺位或弱化导致的养老制造业集群的辐射效应不足问题。

养老房地产企业应当在市场充分细分的基础上找准市场定位和目标市场，由品质提升向品牌建设转变，努力实现社区养老、机构养老房产项目连锁化经营。目前，辽宁、山东、安徽、浙江、海南等地已建立连锁机构，但辐射范围和服务项目单一；而北京太阳城集团以医护型健康养老为中心，进行全方位的养老市场开拓。类似这样的连锁机构，未来应以合作、托管、冠名等形式进行太阳城模式的复制和管理输出，实现生态位泛化、多元化战略发展。养老房地产业不但要有基本的养老医疗方面的良好配套服务，还要兼具护理、养生、文化、休闲、度假等多元化、高质量的延伸和附加服务，以此满足老年人多层次、多元化的养老服务需求。此外，拓展生态位的重叠度，呈现多种模式竞相发展的态势。主要有以下几种类型：养老社区、社区养老服务机构、养老机构、老年医疗卫生服务机构、异地养老房地产项目、城市老年公寓、现有住房养老功能改造、二手养老房地产、农村养老房地产等。

　　卫生和社会工作行业是养老产业的典型行业和基础性行业，一方面应当加强与其他行业特别是信息传播、软件和信息技术服务业和房地产业等行业的协同共生发展，达到合作共赢；另一方面应当围绕入户服务、嵌入社区服务开展技术创新，积极运用现代化信息技术形成新的成果增长点，构建融合医疗、护理、康复、保健、预防于一体的综合性服务技术体系，并通过上述技术应用微观创新推动基础研究进步。

6.1.4.3 资源约束型优化路径

　　资源约束型行业由农、林、牧、渔业（A），信息传播、软件和信息技术服务业（I），科学研究和技术服务业（M）3 个行业组成。上述 3 个行业需要适当增加与其他行业的生态位重叠度，在高融合、低强度竞争环境中实现发展。农林牧渔业应当广泛吸收各类资金、科技、组织、渠道资源，针对老龄人群开展产品创新，开发适用于康养、恢复的食品用品，积极引入"互联网 +"模式，提高对市场的调查研究效率和精准供给能力。科学研究和技术服务业应当加强与其他行业的协同共生，适当增加生态位重叠度，一方面应当加强网络基建、信息采集分析平台、大数据中心、云计算中心、办公系统等大宗产品服务的创新，提高资源集聚水平；另一方面应当直接面对老龄人群供给信息服务、电子商务、远程诊疗、线上交往、文化生活等方面的产品服务，扩大与消费者的直接解决面、加深供需交往深度。科学研究和技术服务业应当加强养老产业关键技术和基础性产品的研发，为养老产业创新创业提供支撑，为企业进行科技升级提供前瞻性指导。

6.2 我国养老产业国家层面发展策略

6.2.1 以养老事业为支撑培育养老产业市场

　　养老产业市场是产业生态系统运行的基础框架和资源流动的基本介质，行业种群生态位格局以市场为基础、与市场相互影响。我国养老产业发展的首要任务，是建设养老事业和养老产业分开的养老格局，形成政府引导、市场主导的养老产业发展驱动模式。养老事业以供给公共产品和服务为主要内容，重点开展事业和产业所需基础性项目建设，并为因经济困难、长期疾病、鳏寡孤独、遭受灾害等无力通过市场渠道满足基本养老需求的弱势老人群体提供兜底保障。养老产业以供给私人产品和服务为主要内容，重点在于释放和满足有一定经济能力的老人自身或其家庭通过市场渠道自主选择养老产品和服务的消费需求。唯有养老事业功能健全、保障有力，才能为养老产业发展明确方向、健全基础性资源配置体系、启动社会需求向市场需求的转化、倒逼从业主体不断开拓新供给领域，唯有养老产业健康发展，才能为养老事业发展提供资金和技术支撑、降低运行成本、减少对社会保障的挤兑，后者以前者为支撑，在形成足够的刚性市场需求后其经济和社会效益将回馈前者。

6.2.1.1 强化政府在养老事业发展中的托底保障职责

一是完善责任体系，中央及以下各级政府将养老事业发展谋划和实施紧密嵌入"两个一百年"奋斗目标和全面建成小康社会、打赢脱贫攻坚战的各项具体任务，在国家和地方各级、各项发展规划方案中建立健全指标体系，进一步强化各级民政管理机关作为养老事业发展牵头主体的权能和责任，进一步明确和细化各相关管理机关协同推进养老事业发展的工作内容和措施。二是完善托底内容，结合行政管理体制改革和基层治理改革，建立养老事业公共建设项目名录，建立纳入养老事业保障范围老人精准识别机制和动态信息库，建设与各地经济社会发展总体水平相适应的事业性保障体制机制，对弱势老人群体做到老有所养，对经济贫困地区的养老事业给予政策和财政倾斜。三是完善保障措施，随经济社会发展实现成果共享，不断扩大事业保障内容覆盖面和对象范围，不断提高公共服务水平，创新以居家医护为核心的公共服务方式，重点探索和推广物质保障与日常照料、康复护理、精神抚慰、心理疏导等非物质保障相结合的供给方式。

6.2.1.2 在政策法规层面区分养老事业与产业的管理

一是区分内容，将土地使用、区域基建、公共产品供给、社会服务网络、基本福利等基础建设归于事业，将非保障性、非公共性的产品和服务供给归于产业，明确养老产业作为新常态下新经济增长点的定位和贯穿于国民经济各行业的属性。二是区分管理体制机制，明确负责统筹或牵头负责推动养老产业发展的主管机构。在兜底保障基础上逐步减少事业性投入，改以基金资助、税收激励、国有固定资产入股、政策扶持等方式引导扶持产业发展，吸引社会资本投入。

6.2.2 健全养老产业发展规范体系

各类各级政策、法律、法规、规划、标准和执行文件构成了养老产业发展的规范体系，是产业生态系统的运行规则，通过对生产经营行为和产品、服务的规制将选择压传导到从业主体，具体构建了激励行业种群构建生态位和协同演化的环境。规范体系缺位，是多年来社会各界普遍看好养老市场前景但多数企业对盈利预期不明朗、产业投入总规模较大但产能结构不够合理、平均利润率不高但低水平竞争激烈的重要原因之一。截至本书初成，国家制定了《国家积极应对人口老龄化中长期规划》，各地方也出台了或酝酿出台相关规划和方案，但是着力点均主要集中在解决养老供给不足的问题，发展养老产业作为应对该问题的关键性战略，其规范体系尚待细化实化，需要在三个方面加强建设。

6.2.2.1 加强激励性规范建设

提升产业发展精准化支持扶持水平，系统出台激励性规范以促进市场发育和行业种群生态位扩张，重点在研发关键技术、创新重大产品、开拓新兴专业市场、建设医养结合等综合性项目等领域形成常态化支持机制，在购买公立医院公共服务、鼓励社会资本办医办护、养老商业保险企业准入等领域形成资源库管理机制，在涉老企业品牌化、规模化、连锁化等领域形成长效扶植机制，建立养老产业统计分析、发展评价、即时调控机制，建立养老产业公募融资、风险投资基金、小额信贷审批绿色通道机制，建立养老产业园区建设、产业链对接、共享业态开发跨行政区划服务对接机制，建立城市社区、农村基础性养老服务设施设备采购补贴机制，建立业态创新、模式创新、机制创新工程或平台建设补贴机制，从而达到提升各养老行业资源发掘和汲取能力、改善协同演化环境的效果。

6.2.2.2 加强标准性规范建设

推进养老产业标准化，构建全产业链标准体系。一是统筹制定全国统一的老年人能力评估标准，以失能、失智、病残等情况及其程度为主要指标明确养老产品和服务与其他产品和服务的区别，并作为老人是否进入事业养老兜底保障范围的基本依据。二是分别针对居家、社区、机构三种主要养老形式出台各类养老产品和服务标准，不断优化标准技术指标和对接逻辑，重点加速出台国家养老产品名录和服务名录、政府购买养老产品目录和服务目录，产业发展统计指标体系，授权各地方结合本地经济社会发展水平细化标准和目录、完善相关监控流程，鼓励行业组织和企业根据产业发展需要制定行业、企业质量控制标准。三是建立养老从业主体特别是企业评估规范体系，采取对标核实、第三方评估、专家论证、社会反馈信息挖掘等制度和技术手段，推进政府购买服务、补贴发放、服务对象核实、质量评价、等级评定等公益性、扶持性、调控性工作的科学化与专业化建设，培养企业创新升级的内生动力。

6.2.2.3 加强保障性规范建设

　　加速管理体制改革，提高市场治理水平，通过保障市场发育符合经济规律引导行业种群发生协同演化。一是全面加强安全保障制度建设，根据老年人的特殊需要，建立健全消防安全、卫生安全、建筑安全、食品安全、医疗安全、设备安全、保卫安全、职业健康安全等防控制度，强化定期检查和随机抽查机制，强化以市场准入、民事赔偿、行政处罚乃至刑罚的政策法律配套，强化企业安全隐患排查、突发安全事故处置、社会舆论应对等内控制度建设责任的落实。二是加强市场秩序保障制度建设，重点针对仿冒、低价倾销、价格同盟、滥用优势地位、扰乱市场秩序等不正当竞争与垄断行为健全相关防控和惩治制度体系，建立从业主体诚信档案管理机制，其中特别要对养老服务企业建立质量和信誉黑白名单管理机制，健全完善发现、认定、惩治虚假宣传、不实报道和欺诈性营销行为的机制，建立老年人消费权益保护的绿色通道机制。三是加强资源供给保障制度建设，重点解决制约养老服务性企业发展的土地瓶颈和信息瓶颈。保障涉老企业和公用设施所需土地资源供给，对具有战略意义的养老产品项目投产给予政策和财政支持，将各类养老服务设施建设用地纳入国土空间规划和年度用地计划，落实养老服务设施规划建设要求，确保新建小区按标准配建居家社区养老服务用房，对已建成的住宅区采取政府回购、租赁等形式按标准调剂解决。完善养老产业发展信息、政策公开机制，建立养老服务监测分析与发展评价机制，完善养老服务统计分类标准，加强统计监测工作，定期发布养老产业扶持政策措施清单、养老供需信息或投资指南，集中清理废除在养老机构公建民营、养老设施招投标、政府购买养老服务中涉及地方保护，排斥涉老企业参与竞争等妨碍统一市场和公平竞争的各种规定和做法。

6.2.3 推动资源向养老产业增长点集聚

养老产业具有广阔的蓝海市场，但当前资源分布也同缺乏有效人工干预的深海营养结构相似，存在整体资源密度低、分布范围过于宽泛、个体开发成本高、占用路径和前景不清晰等问题，这是各养老行业在产业初创期就出现生态位宽度过大、相互间重叠度过高等问题的重要客观原因。需要政府加速放管服改革、强化指导服务功能，通过优化产业空间和行业结构、加强扶植培育关键行业和龙头企业、优化可持续发展基础条件，实现资源向产业增长点的集聚。其中，养老服务和医疗在产业中居于核心地位，具有全局影响力，但如前文分析，发展受技术约束明显，作用与角色不相称，尤其需要解决供给侧体制机制问题，系统加强资源投放，保障其有效占有支撑发挥引领带动作用的资源。

6.2.3.1 优化产业空间结构，推动区域优势行业发展

一是如前文所述，结合养老事业体制建设改革，明确负责统筹或牵头负责推动养老产业发展的主管机构，确定养老产业资源基本结构和供给侧基础运行规范，在此基础上制定和实施养老产业发展规划和重点行业发展规划，依据资源禀赋、经济社会基础条件、发展前景等因素区分不同区域发展养老行业的方向和角色任务，重点对珠三角、长三角、京津冀、川渝等主要经济圈的养老需求进行预判，对区域内养老产业发展进行空间布局优化和行业建设统筹。二是在经济增长方式转变和供给侧改革中加强对产业链跨区域延伸、行业跨区域融合、资源跨区域流动的指导和激励，布局贯穿老龄人口物质生活、精神生活、社会生活各层面的养老产业链条，推动养老行业与相关产业、行业融合发展和种群间的互融发展，理顺以市场为基础配置平台的行业种群间链式营养级结构，在资源集聚基础上实现资源效能在行业种群间传递机制的优化。三是在省级区域以强化和发挥资源禀赋、集聚规模、配置机制等方面优势为导向，科学制定和实施有关养老行业发展法规、规章、规划、方案等，针对进一步培育优势行业、骨干企业、重大项目、知名品牌精准发力，实现特色优先发展和集聚发展，进而通过示范引领作用带动区域养老产业生态位结构整体优化。

6.2.3.2 培育一批具有行业、产业带动辐射能力的涉老企业

一是支持养老机构规模化、连锁化发展。一方面对前景好、潜力大、具有示范意义的生产经营模式和产品以及服务，通过立项资助方式加大对企业开展规模扩张、连锁化经营的扶植力度，促进其带动有关行业生态位扩张。另一方面集中破除管理体制机制中对资源集聚有不利影响的因素，重点解决地方政府变相封锁市场、要求在其他地方取得营业执照的企业在本地开展经营活动必须设立子公司、对知名品牌或商标提供保护不力、纵容不正当竞争行为等地方保护主义问题。二是加大创新型涉老企业培育力度，建立创新型示范企业评定机制和标准体系，综合采用申报、评估、后补助和申报、评价、给予补助或优惠政策、验收两种基本形式予以扶持，重点对在大数据、人工智能、移动互联、云计算领域具有较强科技创新能力的企业，在制造业领域有较强产品创新能力的企业，在服务领域有较强业态创新能力的企业，品牌具有较高知名度的企业，细分市场开发能力较强的企业，具有行业辐射示范能力的企业进行扶持。三是通过新兴市场准入和标准规范体系引导传统涉老企业创新生产经营方式、丰富产品服务品种、强化产品服务效能特色、精细化管理用户体验，实现内涵式转型升级，建设龙头企业，进而引领带动企业梯队规模化群体。

6.2.3.3 大力加强养老服务体系建设

一是确保资源配置在规模和结构上与居家养老为主流的市场需求和社会期望相适应。一方面强化公共基础设施建设，推进适老住区建设和改造，进一步完善新建社区养老场所设施设备配置标准；重点为涉老企业依托社区开展嵌入式家庭服务提供条件，推进规范化助餐点、活动中心、配送中心、无障碍设施建设，为配送餐、助浴、日常照料、简单医护、体育锻炼、文化活动等助老服务的开展和管理健全物质和制度条件。另一方面通过完善信息共享平台、新增保险险种、提供专项奖励等方式激励企业深入家庭开展服务微创新，积极通过以招投标加分级分类补贴形式吸引企业进入社区中央厨房、短期托养、健身康复、文体活动组织等服务领域，以一体化、集约化为导向不断创新产品服务形式。

二是推进机构养老和居家养老、社区养老的资源融合，实现优势互补、融合发展，提高资源利用的效率和专业化水平。一方面采取政府采购等形式吸引

企业将养老机构内的餐饮、医护、健身、娱乐项目向周边社区延伸，向家庭渗透。另一方面鼓励开设养老机构的企业在社区内嵌入式设立服务中心，综合发挥照料中心、托老所、医护机构、精神关爱中心、中央厨房等功能；同时丰富街道办事处的管理职能，统筹管理辖区内的养老综合服务，以保障嵌入式服务中心的辐射半径符合效率原则、服务内容和形式符合质量要求。

三是综合发挥线上平台和线下运营的资源配置作用。一方面，加强线上平台建设，以省域为单位逐步建立统一的养老供需信息平台，集中运营管理以实现口径统一、即时更新、互联互通；根据地方经济社会条件科学规划建立信息处理节点，为供需双方点对点沟通提供平台，对本地集中需求进行调度处理。另一方面，利用线上平台整合培育线下服务实体，通过信息共享机制减少小微企业运营成本，通过非商业秘密经营信息公告机制激励良性的业态创新竞争，通过专业化信息发布机制减少供需双方的风险和纠纷隐患，通过需求方反馈机制准确评估供给能力和改进方向。

6.2.3.4 改善医护资源供给结构

一是推动医护资源向社区、家庭流动延伸。结合鼓励社会资本办医、开设基层医疗卫生机构的改革，政府通过指导、采购、推介等形式组织企业和老年人签订委派私人医生服务合同或长期服务合同，建立相对稳定的健康管理、基本医护服务关系，实现医疗资源的长期定向供给。将老人常见健康问题的医疗护理费用纳入医疗保险基金支付范围，吸引和鼓励医护企业创新社区集中体检、诊疗服务形式，并开拓入户体检、巡诊、居家护理、家庭病床等服务。

二是将医护资源向康复领域适当倾斜，在养老医护领域推动大中型医院专注于医疗、小微医疗企业侧重于康复的错位发展格局形成，鼓励医护企业与养老机构建立协作关系，将专业医护服务向机构养老领域渗透，并进一步延伸至家庭和社区医疗康复服务，不断提高社区护理床位数量和养护服务、临终关怀服务规模。

三是推进机构养老医护资源配置和能力建设专精化。把医护作为养老机构特别是大型养老社区的核心设立因素，鼓励建设医疗、康养、护理一体化综合服务体系。制定机构养老医护能力标准体系，根据经营服务范围和所针对老龄群体，明确区位、建筑、医疗器械、康复器具、专业人员、业务流程规范，解决各类机构医护资源配置中普遍存在的"全而不当""小而无用"等问题。重点针对老龄人群特点鼓励加强慢性病管理、康复护理、中医药保健等方面的服务能力建设，结合医养护资源向社区、家庭延伸要求开设上门巡诊等服务和绿色通道等保障机制。根据区域需求结构有针对性地建立以机构为支撑节点、以社区为辐射面的特色医护服务体系，根据人口和需求变化趋势健全融入发展规划的区域性医养护专业机构建设培育计划。

四是鼓励发展医养融合型养老机构。将开办运营医养融合机构作为依托自然环境禀赋成立养老机构、开发建设大型居住地产项目的市场准入条件，鼓励企业设立和改建老年医学专业特色医院、康复医院、护理院，将相关建设纳入地方医疗卫生机构建设规划，在财政预算中列支必要的建设运营补贴。按照效率需要将部分公办养老机构、公立医院或其科室交给符合相关资格条件的企业托管与运营，将部分区域老龄人群的老年病医护、康复、护理、保健整体打包承包给医养融合机构负责。

6.2.4 激励多元主体投入养老产业

多元投入一方面是养老产业各行业生态位选择压作用的结果，将其他产业、行业的资源引入本产业，不断扩大资源基本面，另一方面是养老产业形成优胜劣汰格局、优化生态位结构、实现行业种群和生态系统协同演化的主要途径，是形成良性、符合可持续发展要求、作用方向精准的选择压的关键因素和主要动力。多元主体投入养老产业，首先需要建立统一、开放的市场环境和公开、透明的政策环境，保障投入主体有清晰稳定的利益回报预期。其次需要面向全社会潜在投入主体予以引导激励，降低市场准入门槛，减少前置许可和审批手续，强化规范管理和服务，在增加土地供应、扩大购买服务、减少税收和公用事业收费负担、拓宽融资渠道等方面给予支持。最后需要保障各类从业主体平等从业、公平竞争、意思自治、责任自负，最大限度激发市场活力。

6.2.4.1 完善多元投资机制

采取适当降低设立标准、政府引导示范、给予优惠政策等方式鼓励社会资本建立养老产业发展投融资基金，拓展和创新以股权投入形式投资涉老企业的渠道，吸引激励私募公司和创业投资机构加大投资规模，积极支持成熟的涉老企业通过境内主板、创业板、中小板和海外股票市场上市融资，推动养老股票由"概念"向实业转变。积极吸纳国外资金流入养老产业供给侧，在科技含量、利润率、潜在市场占有率高的大型项目有针对性地招徕国外投资，努力扩大资金来源、减少境内投资风险，同时促进在资金来源、技术合作、市场开放等方面的国际化发展水平。

6.2.4.2 系统解决养老服务机构融资难问题

一是进一步畅通货币信贷政策传导机制，统筹使用各类政策手段和金融工具，重点抓好支援小微企业贷款等扶持政策的落实，抓好对涉老企业创新创业、扩大规模、科技研发的扶持和对经营中遇到困难且符合授信条件的涉老企业的重点帮扶。二是结合金融市场管理体制建设，下大力切实解决金融机构违规收取手续费、评估费、承诺费、资金管理费等问题，逐步减少以至于完全取消融资附加费用，切实解决涉老企业融资成本高的问题。三是结合国有企业产权改革，推进涉老企业产权明晰化建设，特别是将国有资本从更适宜小微企业经营的养老领域撤出，鼓励商业银行向产权明晰的涉老企业发放资产（设施）抵押贷款和应收账款质押贷款。三是逐步放开涉老企业以有偿取得的土地、设施等资产进行抵押融资。四是大力支持市场化规范化程度高、在全国或行业内具有辐射作用、符合资格条件的涉老企业上市融资。五是支持商业保险机构和其下属机构开办涉老企业或参与涉老企业的建设和运营，鼓励适度拓宽保险资金投资建设养老项目资金来源。六是完善创业担保贷款政策体系，在健全评价认定标准的基础上，加大对养老产业从业个人和小微企业的贷款支持力度，鼓励金融机构参照贷款基础利率、结合风险分担情况，合理确定贷款利率水平。

6.2.4.3 合理扩大涉老企业债券发行规模

一是加强对养老产业发展统计，对企业资金回流情况进行全面统计分析，根据区域发展需要对一定时期内的债券发行方案进行统筹，特别是对开展照料、护理、康复、精神慰藉等难以确定统一计量标准的服务的企业，和从事上述服务相关设施设备器具开发、生产、安装、维护的企业，允许灵活设置债券期限、选择权及还本付息方式。二是支持涉老企业开展投资回收期较长、影响面广、具有公共物品效能的项目建设，允许发行可续期债券，以保障资金链稳定。三是兼顾强化投资信心和防控投资风险，对尚在建设期、预期建成后现金流稳定的养老产业项目，允许以项目未来收益权为债券发行提供质押担保。四是对以地产经营、土地建设利用为主要内容的养老项目，允许企业以建设用地使用权抵押担保方式为债券提供征信。五是对企业的科技研发、业态创新、公共平台建设等项目，经立项审批手续，允许发行项目收益票据、项目收益债券筹集建设资金。

6.2.4.4 减轻养老产业税费负担

一是切实加强各项减税降费政策的落实，保障高新、"双创"、小微涉老企业切实享受到财税优惠。二是对经营中同时开展非营利性养老服务的企业落实所得税支持政策，对冲其运营成本和竞争分线。三是对为家庭和社区提供日间照料、康复护理、助餐、助行等日常服务的涉老企业给予税费减免扶持。四是从严加速落实有关行政事业性收费减免政策，对以入户服务、嵌入式社区服务为主要业态的养老服务企业，按照居民价格保障其用电、用水、用气、用热。

6.2.4.5 统一养老产业从业补贴待遇标准

一是完善纳入政府采购的养老机构运营补贴制度，健全以实际入住人数、护理级别为主要标准的评定指标体系，对不同社会主体投资、开办的护理院与护理型养老机构，在建设补贴、运营补贴、医保定点等方面给予相同政策待遇。二是全面建立政府购买养老公共物品和服务制度，以方便快捷、价格合理为基本约束条件适当提高采购价格标准，重点切实满足城市"三无"老人、农村五保老人以及城乡经济困难老年人的基本养老需求，吸纳更多的服务企业、为老服务组织、家政餐饮物业等相关企业加强上门服务项目开拓和能力建设，通过引导支持健全充实助餐、助浴、助行、助洁、助购、助医、助急，以及日间照料、康复护理、心理疏导等服务的一体化，提高整体服务水平，减少服务成本。

6.2.4.6 积极发展健康保险，丰富商业健康保险产品

一是在完善基本医疗保障制度、稳步提高基本医疗保障水平的基础上，鼓励商业保险公司提供多样化、多层次、规范化的产品和服务。二是扩大保险人群覆盖面和保险产品范围，支持商业保险公司承办城乡居民大病保险，鼓励企业拓展商业健康保险项目，险种及其内容与基本医疗保险相衔接。三是鼓励支持保险企业探索开发长期护理商业险和与健康管理等相关的商业健康保险产品。四是针对养老医护企业和接受其服务的老龄人群，推广医疗责任保险、医疗意

外保险等多种形式的医疗执业保险和个人健康保险。五是大力推进健康保险服务多样化，建立商业保险公司与医疗、体检、护理等机构合作的机制，加强对医疗行为的监督和对医疗费用的控制，为参保人提供健康风险评估、健康风险干预等服务。六是采取政府购买服务等方式，委托具有资质的商业保险机构开展各类医疗保险经办服务。

6.2.4.7 鼓励养老服务对外交流合作

一是积极引进境外涉老企业品牌、专业人才、管理模式和经营理念，鼓励境外投资者采取独资、合资、合作举办等形式设立涉老企业及涉老企业总部，在土地政策、税收优惠、财政支持等方面给予国民待遇。二是鼓励引进外资针对国内市场开发、生产老年用品产品，激发良性竞争态势。三是采取政策扶持、资金补贴、科技支持、指导咨询服务等方式，激励国内投资者开发境外养老市场，在境外创办养老服务企业和养老产品用品生产企业。

6.2.5 健全完善养老产业链条

全面推进养老产业和各行业集中、集聚、集约发展，强化合理的产业生态位时空机构、行业结构构建，利用规模效应和区域优势效应倒逼行业种群和企业围绕产业增长点找准差异化建设方向、明晰发展路径，减少行业种群构建生态位和稳定生态位的成本，提高全国和地方两个层面的资源利用流通效率，增强生态位占用效能，从而健全完善产业链条。

6.2.5.1 兴建产业集聚区和特色区域

科学规划养老产业集聚区和特色产业区域的空间布局，以培育生态位构建先导全体、形成行业内选择压为导向，着力建设核心产品服务特色突出、营养级链条完整、服务功能完善的养老产业园区，在全国层面完成产业链条基本框架和结构的建设。系统总结推广先进地区的集聚和特色模式，根据养老需求将建设权责逐步向县级区域下沉，形成全国市场嵌套地方市场、地方产业链条融入全国产业链条的产业格局，建设产品无障碍流通、关键性服务节点化、一般性服务地方化的市场系统。

6.2.5.2 加强对老年产品研发、生产与流通的支持

一是重点针对当前老龄人群需求结构，鼓励企业加强老年生活用品用具、康复护理辅具、医疗器械、保健用品、保健食品等涉老产品的创新性研发设计，

对高科技含量、高附加值、高市场需求率的生产企业和生产服务型企业进行系统扶持，支持其建设全国性生产基地。二是完善老年产品的商贸流通体系建设，通过健全养老产业供需信息平台功能、支持电商网站开辟专项服务版块等方式提高老年产品线上交易效率，根据产业增长点空间布局建设具有区域辐射带动作用的老年产品集中交易市场，在主要养老产业集聚区和养老需求旺盛的城市群周边的主要节点地区建设具有区域覆盖作用的老年产品仓储、配送和分销网络，针对农村地区需求鼓励企业进行供给渠道下沉，开展地方性同质产品集中供给和连锁化零售网点建设。

6.2.5.3 开拓和满足多样化养老服务需求

一是系统统计研究不同生活区域、教育背景、收入水平、年龄、行为偏好的老龄群体的养老服务需求，引导涉老企业有针对性地开拓细分服务市场，提供差异化服务，重点在文化娱乐、体育健身、教育培训、金融理财、休闲旅游、健康服务、精神慰藉、法律援助等非物质领域细分服务需求，提高服务精准化水平，开展服务品牌建设。二是以互联网、物联网、大数据、云计算等技术为支撑，通过信息共享平台充分发掘多样化养老需求，吸纳多元化供给主体，提高养老服务供给的系统化、智能化和精准化水平。

6.2.5.4 推进养老产业与其他产业融合发展

支持涉老企业依托产业链条在产品服务效能方面与相关产业、行业相互渗透、交叉，实现生态位重叠区域资源的综合利用。鼓励涉老企业采取收购、兼并、股权投资等资本运作方式，在产品服务内容和经营业态方面与传统制造业、金融业、地产业、软件和信息业、商贸流通业、文化产业、旅游产业等融合发展，提高资源要素的配置效率，放大资源要素的整体效能。

6.2.6 加强养老产业从业人才队伍建设

6.2.6.1 搭建人才培养支撑平台

一是鼓励涉老企业采取合办教学实体、人才借用和引进、研究和成果转化项目合作等形式与医疗机构、科研院所、高校实现人才资源流动和共享。二是结合教育管理体制机制改革，加强人才培养资源整合，构建高等教育、职业教育和成人教育协调互促的养老产业人才培养体系。鼓励高校加强相关教学资源建设，重点打造生命科学、医学、药学、健康信息、健康食品等领域的研究型和管理型人才培养基地；加大对高等专科学校、高等职业技术学校健康相关专业的扶持力度，重点打造健康管理、健康养生、中医药保健、健康旅游、健康制造等领域的实用型人才培养基地；充分依托职业院校和成人（社区）学院，积极开展健康产业从业人员的在岗培训和继续教育，加快推进老年护理、康复护理等行业的实训基地建设。三是充分利用专业科研院所和科技成果转化基地，通过企业定向资助、联合研发、项目对接等形式发挥其凝聚高端创新人才和创新资源的作用，打造成科技型涉老企业和技术增长极。

6.2.6.2 推进在职培养管理体系建设

一是完善职业准入标准体系，实施从业人员职业培训和资格认证，规范服务人员市场运行，逐步规范从业人员持证上岗、定期开展继续教育等工作。二是建立专业技术人员激励制度，鼓励专业适宜的毕业生进入养老产业，对在养老护理岗位连续工作达到一定年限，或取得相应成绩的高等学校、中等职业学校毕业生给予入职奖励；对在养老机构内设医疗机构就业的专业技术人员，实行与医疗机构、福利机构相同的执业资格、注册考核制度。三是逐步探索建立养老护理员特殊岗位津贴制度，对养老护理员按照养老服务工龄和职级每月给予岗位补贴。四是加大宣传和表彰力度，引导社会舆论增强对养老服务工作的理解与认同，正面宣传、表彰养老服务工作方面的先进典型事迹，利用宣传媒体为养老服务业人员营造良好的从业环境。

6.2.7 创造适宜养老产业发展的社会环境

6.2.7.1 开展科学健康积极的老龄化形势政策宣传教育

一是通过各种新闻媒介、理论政策宣讲平台、文化娱乐项目节目，引导全社会正确认识老龄人群的社会价值和老年人在家庭、社区、原单位的资源机制，培树老龄人群自尊、自信、自强的健康心态，指导安排健康积极的老年生活。二是结合完善治理能力和治理体系现代化建设，完善基层自治措施，激励老龄人群对优良品行和传统美德发挥在家庭教育中的潜移默化作用和对社会成员的言传身教作用，组织动员老年人在化解社会矛盾、维护社会稳定中发挥经验优势、威望优势。三是改革完善党政机关、事业单位退休干部职工管理机制，主要导向由以稳定保障关爱转为以发挥老龄人群传帮带作用、指导和辅助开展工作，积极为老年人发挥余热、从事精神生活和社会生活活动创造条件。四是系统开展老年人先进典型发掘和培树，引导老龄人群保持健康心态和进取精神，延续和发扬正能量。

6.2.7.2 发挥社会组织的力量

一是鼓励建立养老产业协会组织，充分利用社会团体在政府和企业之间的居间优势，最大限度地发挥行业组织在履行自我管理职责、加速资源集聚、培育示范性企业、形成企业集群、规范行业发展方面的作用。二是鼓励成立养老服务志愿服务组织，为提供直接助老服务、营造社会氛围、减少公共成本、延伸政府职能、降低涉老企业与消费者对接的难度和成本提供保障。

6.2.7.3 营造老年友好型社会文化环境

一是系统开展老年友好型社会观念培育，在政策和宣传两个层面破解传统的对养老行业以及对养老工作人员特别是养老服务业从业人员的偏见，使全社会意识到发展养老产业的重要性、紧迫性以及养老市场未来的巨大潜力，吸引各层次社会人才到养老护理、医疗等领域，加强公众对先进养老理念和养老产业的认知，普及基本知识和技术，公益性提供保健、养生信息，加速养老需求由社会到市场转化。

二是加强老龄人群权益保障，以落实《老年人权益保障法》为核心制定修订配套法规规章政策，建立高效管用的规范体系和措施体系，确保老龄人群的权益诉求在制度框架内得到反映和解决，加大普法宣传教育力度，鼓励老龄人群依法维护自身合法权益，健全老龄人群权益救济机制，针对特定需求完善法律服务和援助。

三是完善居家养老支持体系，深入推进民生领域放管服改革和医疗、教育、交通等公共保障项目建设，深入落实《关于促进家政服务业提质扩容的意见》，减少家庭日常运行的经济、时间、精力成本。推进幸福家庭创建和激励，强化良好家风建设和宣讲，加大对有老人的经济困难家庭的帮扶力度。

四是建设老年宜居社会和精神环境，普及公共基础设施无障碍化建设，完善老龄人群精神关怀服务体系，深入持续开展社会主义公民道德教育，系统宣传弘扬养老、孝老、敬老的传统美德，鼓励提供针对老龄人群的精神文化生活产品，在公共场所和公共秩序建设中逐步健全老龄人群社会优待体系，通过精神文明创建、城市文化创建等活动组织各方面社会力量投入老年友好型社会建设。

6.2.7.4 加强养老需求基础性实证研究

鼓励各方面力量立足本职积极应对老龄化挑战，开展养老产业基础性实证研究，广泛统计各类数据和信息，重点立足我国养老需求的国情特点、"未富先老"的经济社会发展实际、传统文化影响，对养老产业发展进行量化分析，构建有效的理论工具和实证方法，对各养老行业的需求规模和结构进行多维度、多方法的测度评价，形成综合化、立体化预测结果和持续评估研究机制，科学分析产业整体和各行业的发展趋势、重要发展契机、调控管理需求，为政府决策、行业布局和企业发展提供决策参考。

6.2.7.5 加强产业发展预判理论研究

加强对养老产业发展的预判，针对"未富先老"和经济社会双转型的社会大背景，深入开展前瞻性研究，以指导养老产业科学发展。一是总结国内外养老产业发展经验教训，对相关数据和信息进行综合分析，形成构建养老产业研究基本范畴，以养老需求结构和总量变化趋势分析为基础，运用多学科工具和成果形成养老产业研究的基本理论框架，对我国养老产业发展生命周期轨迹和各阶段形势进行预判和预测。二是统筹分析各类社会关系的相互作用机制，以复杂系统有关理论和方法作为基本工具，超越以研究对象自身观测为主要视角的研究传统，打破"现状—问题—对策"的研究范式，以对养老产业微观运行机理的深入分析总结为基础，对产业系统协同演进进行仿真。三是充分协调高校、医院、研究机构、志愿团体等各类力量，建立健全养老产品服务供需信息统计机制和发布共享平台，基于大数据挖掘技术建立国家养老产业数据库和养老产业统计年鉴，支持和资助开展有关的数据采集和定量研究，准确把握老龄人群生理、心理特征以及养老产业需求发展趋势和市场缺口。

6.3 我国养老产业企业层面发展策略

企业是养老行业种群中的物种个体，是养老产业生态位选择压的受力点和生态位构建的具体执行者，企业对选择压的感知、分析，和据此进行的行动、反馈，构成了养老产业发展的微观策略。企业能否顺应客观规律和宏观策略导向，采取正确的微观策略，是实现行业种群筛选过滤遗传性状和物种（即生产经营行为和典型企业群体），实现生态系统系统演化的关键。

6.3.1 提高主业精准化聚焦水平

涉老企业应当深入调查老年群体的消费需求结构，聚焦激励市场、潜在市场优化供给方向和内容，不断精准化聚焦主业，提高资源集聚和利用效率，针对当前生态位宽度大、重叠度高的问题走错位发展道路。特别是应当针对居家养老、社区养老的空白区域，加强老年保健品、康复及护理用品、助行视听用品、老年家居用品等刚需产品的研发力度，加强入户服务、社区服务的业态创新力度，拓展老龄群体精神文化生活和社会生活服务内容，改变粗放的内部管理和质量控制状态，提升产品服务的专业化水平、科技含量、用户体验。

6.3.2 开拓新兴细分市场

涉老企业应当对养老需求的多样性、长期性、稳定性有充分考量，对长期回报持有信心，对体系化创新有足够的决策储备、科技储备、人才储备。积极发掘、培育新兴细分市场，针对不同老龄群体关于生活保障、医疗卫生、照护看管、体育健身、文化娱乐、教育培训、金融理财、休闲旅游、健康服务、精神慰藉、法律援助、社会交往等的具体需求进行深入分析，积极开展或融入线上信息平台建设，寻求稳定消费群体，通过开展品牌建设、体验式营销、融入式服务、供需双方共建业态等方式保证用户黏性。

6.3.3 提升企业运营和产出的科技含量

一是以科技创新为核心不断推进产品服务升级、带动管理创新和业态创新，借助物联网、云计算、人工智能、机器人等新技术、新设备减少人力成本和管理运营层级，提高对市场的敏感度和响应速度，构建基于持续科技创新的一体化运营升级模式，不断推动专业化水平、市场地位、品牌形象向价值链中的高端迈进。二是以科技创新为产品服务的主要效能增长点，当前科技创新热点主要包括三类，最为迫切、科技含量和单项附加值最高的是老年医药创新，亟须共同开展医、研、企基础技术和集成工程研究，推动传统医药、临床医疗手段、养护手段和生物技术以及信息技术的融合创新。适用范围最广、盈利区间最为广泛的是老年辅助技术研发和应用，亟须集中力量发展具有人力照护替代功效的护理照料、生活辅助、退化功能代偿增进等老年辅助科技产品，提高设计水平，简化操作，增强耐用性和便捷性。创新空间最大、最容易取得短期效益的是老年健康信息化服务创新，亟须融合移动互联网、大数据、可穿戴、云计算等新一代技术，以长寿健康为主要功效，以主动健康理念和技术为导向，发展信息收集分析共享、健康维护干预、疾病预防、自我诊疗、交往互动、文娱活动等领域的产品服务。

6.3.4 加强企业品牌化建设

涉老企业应当根据主业定位、结合产品服务特色和企业社会形象，精准进行品牌化建设。一是在对消费群体进行深入调查了解、对市场需求的主要要素进行分析的基础上，统筹产品服务在功能、质量、体验、观感、传播性等方面的优缺点，充分考虑同类竞品和相关企业的特点，围绕高度抽象概括竞争优势、差异化宣传、广泛传播、正向引导的原则，构建品牌文化内涵、典型特征、识别体系。二是不断提高在管理模式、服务内容、文化营造等方面的优势和特色积累，强化以人为本理念在产品和服务中的具体化，建立特色鲜明的非正式传播渠道和信息捆绑机制，努力构建稳定和谐的供需交往生态系统、消费者交往生态系统，满足消费者非消费性需求。三是加强品牌价值、文化的内化，保障员工待遇、明晰发展路径、给予尊重和关怀，从而构建对企业使命及其外部表征的认同，建立起内外对应的品牌支撑体系。

6.3.5 创新建设综合业态

涉老企业应当积极推进和参与产业、行业融合发展和综合业态建设。一是努力实现传统养老产品服务与家政、医疗、教育、健康、体育、文化、旅游等产业行业融合式发展，形成互相反馈反哺、功效叠加的业态，从而实现品质提升和体验优化。二是重点推进养老产品服务"互联网+"建设，积极融入各类"一卡通"工程，以即时化、交互化、智慧化为关键内容不断完善内部信息管理系统和外部信息平台，大力发展基于移动互联的云服务，不断提高数据发掘和管理分析能力，持续提高产品服务个性化、定制化水平。三是以满足居家养老、社区养老需求为重点，在产品服务供给内容和方式上贴近家庭成员传统职能和熟人社会功能，融入老龄人群的生活和社会交往，通过大数据分析和服务业态创新构建供需一体化微观生态系统，并实现协同演化。

6.3.6 推动社会组织充分发挥功能

社会组织和企业都是满足社会需求的组织形态，它们之间有三种关系，其一是两者互为外部环境和资源，其二是两者可就满足同一类需求相互支撑、补充，其三是两者在边缘性领域存在替代性竞争。推动社会组织健全功能、充分发挥作用，是符合企业长远利益的集体理性策略，可以为企业拓展市场、扩大生产要素来源和消费者范围、加速产品服务升级、识别低利润率领域。一是与养老事业与养老产业分开的格局相适应，提高产业、行业自治能力，积极推动建立地方性养老产业、行业协会，健全其提出政策和立法建议、制定业内标准、维护市场秩序、参与重大基建项目论证和监督、牵头科技攻关和成果推广、集体承接基础性采购项目、实施调查统计、构建整体抗风险对策体系、配合主管部门进行考核认证、组织集中对外交流等基本功能，根据地方的行业特点建设、完善新功能，加速养老产业生态系统的自组织化，通过自我管理、自我服务实现放大汲取资源能力、降低成本和风险、提高影响力的作用。二是主动加强与各类社会组织的合作，主动与相关社会组织对接，在市场调研和开发、产品服务推广方面，与社会组织开展项目化、品牌化活动共建，借助社会组织丰富履行社会责任方式，实现常态化，与消费群体的生活实现无缝对接，围绕共同增加社会效益资助、推动社会组织特别是公益性社会组织参与基层治理。三是重点和以老年人为主体的社会组织建立稳定的联系机制，深度进行社会需求挖掘和用户黏性建设，实现产品服务与消费需求的同向进化。

6.4 本章小结

本章提出我国养老产业发展目标以及不同发展阶段养老产业生态位的构建方式。进而，本章根据第5章养老产业生态位"态—势—能"评价结果的分类，针对市场约束型、技术约束型和资源约束型的行业设计了三种以生态位跃迁为核心的优化路径；最终提出了以国家为主体、以构建选择压为目标的7个方面的宏观层面发展策略，以从业企业为主体、以适应选择压为目标提出了6个方面的微观层面发展策略。

结　　论

　　养老产业所涉及的消费和从业人口，集聚和配置生产要素的格局，推动的科技创新、组织创新、业态创新，影响的法律法规政策和社会思想，造就的复杂社会交往网络，共同构成了横贯国民经济和社会生活的复合生态系统。在该系统中，涉老企业具有存续、繁衍的先天动机和通过创新实现性状突变的可能性，与生物个体具有相同的策略集合，由提供同类产品服务的涉老企业组成的养老行业相对于企业个体是优胜劣汰的基本环境、相对于产业是协同演化的基本单位，履行了生物种群的功能。通过将生态位理论引入养老产业研究领域，运用多学科交叉的方法与工具，对养老行业种群的行为轨迹和发展规律进行定性描述和定量分析、对种群间的交互关系及其可能趋势进行测度和评价，针对我国养老产业发展资源总量不足、结构失衡、配置不合理等问题，提出优化路径和发展策略。主要得出的结论如下：

　　（1）养老产业是提供养老所需物质产品和服务的相关行业所组成的集合。根据《国民经济行业分类》（GB/T 4754—2017）分类标准，将我国养老产业划分为 14 个行业。通过 ArcGIS 软件，绘制了我国 31 个省市养老产业区域布局。结果显示：我国养老产业的省域分布与胡焕庸线吻合。其中，各省市的集聚度排序与老龄化比率排序并不一致，个别省份存在较大偏差，说明我国养老产业供给失衡、供需不匹配。

　　（2）养老产业生态位指的是其以养老产业为生态系统，行业种群在演化过程中形成的资源占用状态和动态。对养老产业选择压等概念进行系统解析，对一类、两类和多类行业种群生态位的构建机理进行剖析。养老产业生命周期分为初创期、成长期、成熟期和衰退期，不同的生命周期的生态位选择压形成不同的生态位构建方式，通过实证分析定量测算我国养老产业的生命周期发展阶段，明晰国家养老产业发展施政方向和涉老企业发展战略选择。

（3）对我国养老产业生态位进行时空分异测度，结果显示：在时间序列上养老产业生态位发展与国家政策支持密不可分，以 2013 年、2015 年为节点，总体发展分为三个阶段；养老产业大多以多元业务布局的混合业态为主，创新模式不断涌现，跨界融合日益繁荣，产业链正在逐步形成；但以租赁和商业服务业、卫生和社会工作为主的第三产业占比绝对优势明显；养老产业发展缓慢，供给侧相对于需求侧而言问题突出。从空间分布来看，我国养老产业布局以沿海为主，形成了一条以服务上海为主的江浙养老产业带，以服务重庆、四川为主的渝蜀养老产业带，以服务北京、天津为主的京津养老产业线，和广州、深圳以服务广东籍港人为主的内地养老产业线的多核发展状态。养老产业的发展呈现出由东部沿海地区向中西部内陆地区逐渐弱化的失衡态势。构建共生演化模型，对 14 个养老行业的生态位共生演化轨迹进行了测度结果判断：我国养老产业无论数量还是产值总体呈上升趋势，其中养老制造业与养老金融业处于持续活跃状态。

（4）从养老产业生态位宽度的测度结果来看，我国养老产业优势度区域差异明显，广东省最高，其次是山东省，优势度最低的是黑龙江省。重要程度最高的是广东省，其次是山东，上海的重要值最低。从行业对比来看，我国养老产业行业种群生态位宽度均较泛化。从生态位重叠度的测度结果来看，14 个行业种群生态位重叠度均较小，且分布均匀，说明行业间尚未形成竞争激烈、处于共生阶段，对资源的利用处于优势地位，对资源有一定共享性，进一步验证了第 4 章的结论。从生态位态势能测度结果来看，三个维度发展不均衡，市场生态位、资源生态位、技术生态位得分依次降低，反映出养老产业的竞争能力欠缺。养老产业整体未形成明显圈层，各行业测度结果交叉融合，未形成规模效应和引领性行业，行业发展的"态—势—能"三个维度此消彼长，三个维度各行业生态位排序说明了其发展短板。

（5）按发展瓶颈将 14 个行业分为市场约束型、技术约束型与资源约束型 3 种类型，针对不同类型的行业设计了以生态位跃迁为核心的优化路径；提出了以国家为主体、以构建选择压为目标的 7 个方面的宏观层面发展策略，以从业企业为主体、以适应选择压为目标提出了 6 个方面的微观层面发展策略。

本书的创新点体现在：

（1）以供求特征为核心要素界定养老产业概念。从供给侧的角度对养老产业概念和行业分类做了界定，与2021年2月国家统计局最新发布的《养老产业统计分类（2020）》（国家统计局令第30号）养老产业的定义与分类不谋而合。国家统计局以《国民经济行业分类》（GB/T 4754—2017）为基础，将养老产业分为12个大类，而本书划分的14个行业基本涵盖国家统计局的分类，分类标准一致，结构基本对应。此外，综合运用可视化工具对测度结果进行直观呈现。例如，运用CiteSpace知识图谱的方法梳理国内外研究现状、热点和趋势；运用ArcGIS软件将养老产业的空间分布进行可视化呈现；运用SPSS软件绘制了养老行业种群共生演化轨迹；通过AutoCAD软件绘制不同种群在生态位空间的基础生态位示意图。通过这些可视化操作工具，将抽象、复杂的多维对象转换成形象的空间变量，提高了结果输出的准确性和科学性。事实证明，通过可视化工具来研究产业生态位现状、布局与演化具有一定的普适性和通用性。

（2）构建了养老产业生态位共生演化模型。通过构建共生演化模型对养老产业14个行业的共生演化轨迹进行了测度分析，全面描述养老产业内部各行业种群之间的协同共生行为。从14个行业的演化轨迹测度结果来看，演化模型符合各行业发展实际，有效性较高。

（3）构建了重要值法模型和优化Levins公式构建养老产业生态位重叠度模型。通过重要值法对我国养老产业行业种群生态位宽度进行测度；对Levins公式进行优化，构建了生态位重叠度模型，对14个养老行业的重叠度进行了测算及评价，进而根据生态位宽度和重叠度值研判我国养老产业的生命周期发展阶段。上述测度模型、方法从结果来看与事实相符度较高。

（4）构建了养老产业"态—势—能"三维评价模型。从市场生态位、技术生态位和资源生态位三个方面，构建了养老产业"态—势—能"三维评价模型，对以往仅从态势两个方面进行生态位评价补充了新的评价维度，对原有生态位态势评价进行理论创新；采用SEM法对突变级数模型进行改进和完善，对指标体系的有效性进行检验，以消除由于主观性而带来的评价误差。

虽然本书取得了一定的阶段性成果，完成了预期的研究目标，但还有以下问题有待进一步研究。

（1）第5章对养老产业生态位"态—势—能"的测度，数据来源于养老产业上市公司，由于养老产业发展至今仍处于初创期，大型或代表性的供给实体缺位，导致数据有可能出现不够典型、总体占比不高而使测算结果存在误差。今后，随着养老产业的发展和国家统计指标的健全、测算方法的逐步完善，笔者会对养老产业的典型企业代表作重点调查，不断完善养老产业数据库，对区域产业结构调整和养老产业发展进行科学监测，预测未来养老产业的发展趋势及产业结构调整的重点。

（2）限于文章篇幅，没有对老年群体需求规模与结构进行大样本调查及定量分析，这也是笔者今后努力的方向。通过养老产业统计数据的不断完善，结合实地调研与抽样调查对我国养老产业需求规模、结构等进行深度分析，准确把握养老产业需求规模和市场缺口、提高成果作为决策参考的科学水平和效率。

参 考 文 献

[1] 巩英杰，张媛媛 . "互联网＋" 视角下养老服务产业转型升级路径研究 [J]. 宏观经济研究，2020（3）：153-163.

[2] 和君健康养老研究中心 . 中国养老健康全产业链发展报告 [EB/OL].（2018-06-25）[2018-06-29]. http：//www.shanghaiyanglao.com/Detail/detail/id/20747. html.

[3] 黄清峰 . 中国养老服务产业发展研究 [D]. 武汉：武汉大学，2014.

[4] 刘飞，鲍身伟，王欣亮 . 人工智能时代养老产业高质量发展的抉择：依据、动力与策略 [J]. 西北大学学报（哲学社会科学版），2020，50（2）：150-159.

[5] 许箫迪，张志雯，余梦荻，等 . 新能源产业演化模型及数值模拟分析 [J]. 统计与决策，2018，34（22）：45-50.

[6] 边伟军，刘文光 . 科技创业企业种群生态位测度方法研究 [J]. 科学学与科学技术管理，2014，35（12）：148-157.

[7] 徐家良，彭雷 . 运营战略、种群关系与生态位：慈善超市生存空间新框架 [J]. 中国行政管理，2019（11）：104-110.

[8] 李连芬 . 我国人口老龄化背景下养老产业发展问题研究 [J]. 创新，2016，10（4）：112-120.

[9] 尹凡，张亚明，刘明 . 基于文献计量的养老产业研究热点图谱分析与展望 [J]. 城市发展研究，2019，26（4）：63-68.

[10] 刘禹君 . 中国老龄产业市场化发展研究 [D]. 长春：吉林大学，2017.

[11] 张郿，吴振华 . 产业链视角下养老产业发展研究 [J]. 科技进步与对策，2015，32（24）：62-64.

[12] 边伟军，贾盛斐 . 区域科技创业生态群落生态位适宜度测度方法研究 [J]. 青

岛科技大学学报（社会科学版），2017，33（1）：30-35.

[13]Berk J，Weil D N. Old Teachers，Old Ideas，and the Effect of Population Aging on Economic Growth[J]. Research in Economics，2015，69（4）：661-670.

[14]Mckey D，Durecu M，Pouilly M，et al. Present-Day African Analogue of a Pre-European Amazonian Floodplain Fishery Shows Convergence in Cultural Niche Construction[J]. Proceedings of the Nationl Academy of Sciences of the United States of America，2016，113（52）：14938-14943.

[15]Zhang W，Li Y，Lin J，et al. Cariogenicity of Candida Albicans of Distinct Genotypes Among 3-5-Year-Old Uygur Children in Kashgar，China-a Case-Control Study[J]. BMC Oral Health，2018，18（203）：1-8.

[16]Paul J，Cherian K E，Thomas N，et al. Hypophosphataemic Osteomalacia Due to Cadmium Exposure in the Silver Industry[J]. Occupational Medicine（Oxford，England），2020，5（1）：2107-2115.

[17]Roman M S，Wagner A. An Enormous Potential for Niche Construction Through Bacterial Cross-feeding in a Homogeneous Environment[J]. Plos Computational Biology，2018，14（7）：1006340.

[18]Ng K，Mcintyre S，Macfadyen S，et al. Dynamic Effects of Ground-Layer Plant Communities on Beetles in a Fragmented Farming Landscape[J]. Biodiversity and Conservation，2018，27（9）：2131-2153.

[19] 曹晓多 . 促进老龄产业发展法之研究述评 [J]. 理论界，2018（1）：54-61.

[20]Dobbins C. The Cement Industry：In Search of Its Future…An Old Industry Takes On a New Look[J]. Cris Dobbins，2018，18（2）：21-26.

[21] 朱耿平，刘国卿，卜文俊，等 . 生态位模型的基本原理及其在生物多样性保护中的应用 [J]. 生物多样性，2013，21（1）：90-98.

[22]Hernandezvelasco A，Fernandezriveramelo F J，Melomerino S M，et al. Occurrence of Holacanthus Clarionensis（Pomacanthidae），Stegastes Leucorus，and Stegastes Acapulcoensis（Pomacentridae）at Magdalena Bay，B.C.S.，Mexico[J]. Marine Biodiversity Records，2016，9（1）：49-56.

[23]Ross C E，Mcintyre S，Barton P S，et al. A Reintroduced Ecosystem Engineer

Provides a Germination Niche for Native Plant Species [J]. Biodiversity and Conservation，2020，29（3）：817-837.

[24]Koffel T，Daufresne T，Massol F，et al. Geometrical Envelopes：Extending Graphical Contemporary Niche Theory to Communities and Eco-Evolutionary Dynamics[J]. Journal of Theoretical Biology，2016，4（7）：271-289.

[25] 王子龙，许箫迪. 装备产业生态位演化与测度研究 [M]. 北京：科学出版社，2011：45-47.

[26]Ghylin T W，Garcia S L，Moya F，et al. Comparative Single-Cell Genomics Reveals Potential Ecological Niches for the Freshwater acI Actinobacteria Lineage[J]. The ISME Journal，2014，8（12）：2503-2516.

[27] 姚远. 基于云模型和前景理论的城市生态位适宜度评价研究 [J]. 数学的实践与认识，2019，49（23）：78-88.

[28] 张一进，高良谋. 基于价值传递的平台企业生态位测度研究——以电子商务行业为例 [J]. 管理评论，2019，31（9）：116-123.

[29] 周全. 生态位视角下企业创新生态圈形成机理研究 [J]. 科学管理研究，2019，37（3）：119-122.

[30]Toften K，Hammervoll T. Niche Marketing Research：Status and Challenges[J]. Marketing Intelligence & Planning，2013，31（3）：272-285.

[31]Ørsted I V，Ørsted M. Species Distribution Models of the Spotted Wing Drosophila（Drosophila suzukii，Diptera：Drosophilidae）in its Native and Invasive Range Reveal an Ecological Niche Shift[J]. Journal of Applied Ecology，2019，56（2）：423-435.

[32] 陈红花，尹西明，陈劲，等. 基于整合式创新理论的科技创新生态位研究 [J]. 科学学与科学技术管理，2019，40（5）：3-16.

[33] 杨玄酯，罗巍，唐震. 生态位视角下长江经济带科技创新竞争力评价及演化 [J]. 软科学，2019，33（7）：8-14.

[34]Clowers K J，Will J L，Gasch A P，et al. A Unique Ecological Niche Fosters Hybridization of Oak-Tree and Vineyard Isolates of Saccharomyces Cerevisiae[J]. Molecular Ecology，2015，24（23）：5886-5898.

[35]Yu K N，Liao A R. Primary Study on Evaluation Index System for Groundwater Exploitation Potentiality Based on the Niche Theories[J]. Journal of Groundwater Science and Engineering，2016，4（1）：18-25.

[36]Turnbull L A，Isbell F，Purves D W，et al. Understanding the Value of Plant Diversity for Ecosystem Functioning Through Niche Theory[J]. Proceedings. Biological Sciences，2016，283（1844）：20160536.

[37]Koffel T，Daufresne T，Massol F，et al. Geometrical Envelopes：Extending Graphical Contemporary Niche Theory to Communities and Eco-Evolutionary Dynamics[J]. Journal of Theoretical Biology，2016，407：271-289.

[38]Li J，Shen X. An Improved Neutral Community Model for Temporal Observations in Microbial Communities[J]. Ecological Modelling，2018，388：108-114.

[39]Emilia O，Beata G K，Marta K，et al. Morphology and Secondary Chemistry in Species Recognition of Parmelia Omphalodes Group - Evidence from Molecular Data with Notes on the Ecological Niche Modelling and Genetic Variability of Photobionts[J]. MycoKeys，2019，61（4）：3066-3071.

[40]Peterson A T. Predicting the Geography of Species' Invasions Via Ecological Niche Modeling[J]. The Quarterly Review of Biology，2003，78（4）：419-433.

[41] 陈瑜，谢富纪，于晓宇，等 . 战略性新兴产业生态位演化的影响因素及路径选择 [J]. 系统管理学报，2018，27（3）：414-421.

[42]Godsoe W，Jankowski J E，Holt R D，et al. Integrating Biogeography with Contemporary Niche Theory[J]. Trends in Ecology & Evolution，2017，32（7）：488-499.

[43]Wright B，De Bank P，Luetchford K，et al. Oxidized Alginate Hydrogels as Niche Environments for Corneal Epithelial Cells[J]. Journal of Biomedical Materials Research Part A，2014，102（10）：3393-3400.

[44]Li W，Liu W，Wang L，et al. Competitiveness Evaluation of Shanghai Ports Based on Niche Theory[J]. Journal of Coastal Research，2018，SI（82）：232-238.

[45]Zheng Y，Xue X，Restoirizarry A M，et al. Dorsal-Ventral Patterned Neural Cyst from Human Pluripotent Stem Cells in a Neurogenic Niche[J]. Science Advances，2019，5（12）：2126-2145.

[46]Kelly N，Kelliher F，Power J，et al. Unlocking the Niche Potential of Senior Tourism Through Micro-Firm Owner-Manager Adaptive Capability Development[J]. Tourism Management，2020，79：104081.

[47] 张朝辉 . 东北国有林区林业产业生态位演化研究 [D]. 哈尔滨：东北林业大学，2014.

[48] 李积权 . 城市建筑生态位原理探析及其生态位策略研究——日本东京中城规划设计案例分析 [J]. 城市发展研究，2012，19（8）：28-35.

[49]Beresford D V，Stotesbury T，Langer S V，et al. Bridging the Gap Between Academia and Practice：Perspectives from Two Large-Scale and Niche Research Projects in Canada[J]. Science & Justice：Journal of the Forensic Science Society，2020，60（1）：95-98.

[50]Raxworthy C J，Ingram C M，Rabibisoa N，et al. Applications of Ecological Niche Modeling for Species Delimitation：a Review and Empirical Evaluation Using Day Geckos（Phelsuma）from Madagascar[J]. Systematic Biology，2007，56（6）：907-923.

[51]Pfenninger M，Nowak C. Reproductive Isolation and Ecological Niche Partition among Larvae of the Morphologically Cryptic Sister Species Chironomus Riparius and C. Piger[J]. PloS One，2008，3（5）：157-171.

[52]Higgins，Stephan M J，Thrusby P E，et al. Conveying Quality and Value in Emerging Industries：Star Scientists and the Role of Signals in Biotechnology[J]. Research Policy，2011，40（4）：605-617.

[53]Ordonezsierra R，Mastachiloza C A，Diazdelgado C，et al. Spatial Risk Distribution of Dengue Based on the Ecological Niche Model of Aedes aegypti（Diptera：Culicidae）in the Central Mexican Highlands[J]. Journal of Medical Entomology，2019，12（6）：728-737.

[54]Smart S M，Jarvis S G，Mizunuma T，et al. Assessment of a Large Number of

Empirical Plant Species Niche Models by Elicitation of Knowledge from Two National Experts[J]. Ecology and Evolution，2019，9（22）：12856-12868.

[55]Vu T T，Tran D V，Tran H T，et al. An Assessment of the Impact of Climate Change on the Distribution of the Grey-Shanked Douc Pygathrix Cinerea Using an Ecological Niche Model[J]. Primates：Journal of Primatology，2020，61（2）：267-275.

[56]Zhang W，He H，Zhang S，et al. A Novel Multi-Stage Hybrid Model with Enhanced Multi-Population Niche Genetic Algorithm：an Application in Credit Scoring[J]. Expert Systems With Applications，2019，121：221-232.

[57]Van Herreweghen F，De Paepe K，Roume H，et al. Mucin Degradation Niche as a Driver of Microbiome Composition and Akkermansia Muciniphila Abundance in a Dynamic Gut Model is Donor Independent[J]. FEMS Microbiology Ecology，2018，94（12）：2401-2411.

[58]Liang W，Papes M，Tran L T，et al. The Effect of Pseudo-Absence Selection Method on Transferability of Species Distribution Models in the Context of Non-Adaptive Niche Shift[J]. Ecological Modelling，2018，38（8）：1-9.

[59]Volchetskaya T S，Malevski H M，Rener N A. The Amber Industry：Development C Hallenges and Combating Amber Trafficking in the Baltic Region[J]. Baltic Region，2017，9（4）：1723442.

[60]Peng B，Zheng C，Wei G，et al. The Cultivation Mechanism of Green Technology Innovation in Manufacturing Industry：From the Perspective of Ecological Niche[J]. Journal of Cleaner Production，2020，252：119711.

[61]Cooper J C. Niche Theory and Its Relation to Morphology and Phenotype in Geographic Space：a Case Study in Woodpeckers（Picidae）[J]. Journal of Avian Biology，2018，49（10）：3214-3232.

[62]Luo X. Coastal Tourism Commodity Industry Cluster Based on Diamond Model and Ecological Niche[J]. Journal of Coastal Research，2019，SI（94）：828-832.

[63]Yin F，Zhang Y M，Liu M. Temporal and Spatial Distribution Characteristics

of Zooplankton Community[J]. Revista Ctentifica-Facultad De Ciencias Veterinarias，2018，28（1）：465-474.

[64]Braga R M，Dourado M N，Araujo W L，et al. Microbial Interactions：Ecology in a Molecular Perspective[J]. Brazilian Journal of Microbiology，2016，47（1）：86-98.

[65] 郑玉洪 . 成都市居家养老服务供给问题研究 [D]. 成都：西南交通大学，2017.

[66] 李晓丽，李建霞 . 京津冀协同发展背景下河北承接北京养老服务的可行性分析 [J]. 商，2016（18）：37-41.

[67] 杨娟，廖义军 . 供给侧改革视角下中小城市居家养老服务的发展路径探析——基于郴州市苏仙区居家养老服务调查 [J]. 湖南行政学院学报，2018（1）：65-73.

[68] 满文萍 . 基于平衡计分卡模型的社区居家养老服务的绩效评估研究 [J]. 安徽行政学院学报，2017，8（5）：91-95.

[69] 李加明，赵皓矾 . 社区居家养老服务供给机制研究——以蚌埠市为例 [J]. 长春大学学报，2018，28（3）：8-11.

[70] 喻文雄 . 城镇社区养老服务的供给侧改革研究 [D]. 武汉：武汉科技大学，2018.

[71] 刘阳阳，黄颖烽，秦良玉 . 广州市机构养老供给能力的现状与问题 [J]. 中国医学伦理学，2018，31（5）：614-618.

[72] 黄柳 . 基于供给侧结构性改革推进湖南健康养老产业发展研究 [J]. 湖南行政学院学报，2018（3）：16-21.

[73] 王朕，刘晏兵，薛虹霞，等 . 基于文献计量的中国养老机构服务研究分析 [J]. 中国老年学杂志，2018，38（15）：3691-3695.

[74] 马艳林，李艳杰，张贵祥 . 家庭结构变迁视角下都市圈养老一体化模式分析——以京津冀地区为例 [J]. 商业经济研究，2015（6）：95-98.

[75] 聂钦宗 . 上海市准老年群体消费需求及消费潜力调研 [J]. 统计科学与实践，2017（1）：27-30.

[76] 唐洁，康璇，陈睿，等 . 综合型养老社区功能空间模式及指标体系研究 [J].

城市规划学刊，2015（2）：83-92.

[77] 睢党臣，彭庆超."互联网＋"背景下我国城市社区智慧居家养老服务模式的构建 [J]. 新疆师范大学学报（哲学社会科学版），2018，39（3）：119-128.

[78] 于潇，孙悦."互联网＋养老"：新时期养老服务模式创新发展研究 [J]. 人口学刊，2017，39（1）：58-66.

[79] 张新生，龚美华. 我国养老产业的转型和优化路径 [J]. 中外企业家，2014（19）：224-225.

[80] 赵斌. 养老产业养谁之老 [J]. 新产经，2014（8）：22-24.

[81] 吴玉韶，党俊武. 老龄蓝皮书：中国老龄产业发展报告（2014）[M]. 北京：社会科学文献出版社，2014：132-144.

[82] 马敏达，马智利. 重庆养老地产发展现状及融资策略 [J]. 合作经济与科技，2015（9）：5-8.

[83] 宋欢，杨美霞. 养老旅游的概念与本质 [J]. 三峡大学学报（人文社会科学版），2016，38（6）：37-41.

[84] 胡继晔，陈金东，董亚威. 新时代呼唤养老金融理论创新——基于收入再分配视角 [J]. 新疆社会科学，2019（3）：49-57.

[85] 钱亚仙. 老龄化背景下的社会养老服务体系研究 [J]. 理论探讨，2014（1）：162-165.

[86] 武赫. 人口老龄化背景下我国养老产业发展研究 [D]. 长春：吉林大学，2017.

[87] 吴宾，唐薇. 基于知识图谱的国内养老政策研究热点主题与演化路径（2005—2016）[J]. 人口与发展，2018，24（2）：101-112.

[88] 郝锋，李医民. 模糊生态位初探 [J]. 江苏大学学报（自然科学版），2005（S1）：91-94.

[89] 李自珍，韩晓卓，李文龙. 具有生态位构建作用的种群进化动力学模型及其应用研究 [J]. 应用数学和力学，2006（3）：293-299.

[90] 包庆德，夏承伯. 生态位：概念内涵的完善与外延辐射的拓展——纪念"生态位"提出 100 周年 [J]. 自然辩证法研究，2010，26（11）：43-48.

[91] 齐瑞颖. 论我国养老产业研究之趋势——基于 CiteSpace 的可视化分析 [J].

价值工程，2020，39（10）：294-297.

[92] 段祖亮，刘雅轩，王建锋，等.城市生态位测度研究——以天山北坡城市群为例 [J].干旱区地理，2013，36（6）：1153-1161.

[93] 刘思婧，孙文杰，李国旗.基于生态位理论的重庆市物流企业优势区位及影响因素研究 [J].地理科学，2020，40（3）：393-400.

[94] 许泽浩，张光宇，廖建聪.基于战略生态位管理视角的颠覆性技术成长过程研究 [J].中国科技论坛，2016（2）：5-9.

[95] 陈耀庭，华志芹.生态位理论视角下我国生鲜零售业态的演进 [J].中国流通经济，2018，32（8）：34-41.

[96] 刘志峰，赵婷.品牌生态位的概念属性、形态表现与培育优化[J].企业经济，2018，37（5）：21-25.

[97] 康蠡.信息生态位定义指瑕与重构 [J].情报理论与实践，2019，42（1）：75-80.

[98] 武晓辉，韩之俊，杨世春.区域产业集群生态位理论和模型的实证研究 [J].科学学研究，2006（6）：872-877.

[99] 罗亚非，韩文玲.从生态位的角度分析我国汽车产业发展存在的问题 [J].工业技术经济，2007（3）：81-85.

[100] 蔡绍洪，李莉，汪劲松.区域产业群落形成的生态位与聚集势 [J].生态经济，2008（7）：40-43.

[101] 陈凤桂，张虹鸥，陈伟莲，等.基于生态位理论的产业发展适宜性综合评价——以广东为例 [J].人文地理，2011，26（6）：120-126.

[102] 强月新，张明新.中国传媒产业间的广告资源竞争：基于生态位理论的实证分析 [J].新闻与传播研究，2009，16（5）：79-87.

[103] 贺雨晴.广元乡村生态位适宜度特征及发展策略研究 [C]// 中国城市规划学会.活力城乡美好人居——2019 中国城市规划年会论文集.北京：中国建筑工业出版社，2019：367-376.

[104] 郭燕青，徐菁鸿.产业生态位与种群规模的趋同效应研究——以中国汽车产业为例 [J].沈阳工业大学学报（社会科学版），2014，7（3）：251-257.

[105] 苑清敏，秦聪聪，杨蕊，等.基于生态位理论的我国沿海省市海洋产业竞争

策略分析 [J]. 海洋环境科学，2015，34（1）：126-130.

[106] 仵凤清 . 基于自组织理论与生态学的创新集群形成及演化研究 [D]. 秦皇岛：燕山大学，2012.

[107] 龙跃 . 基于生态位调节的战略性新兴产业集群协同演化研究 [J]. 科技进步与对策，2018，35（3）：52-59.

[108] 张亭，刘林青，梅诗晔 . 产品空间的动态演化 [J]. 管理评论，2018，30（9）：12-22.

[109] 邓向荣，曹红 . 产业升级路径选择：遵循抑或偏离比较优势——基于产品空间结构的实证分析 [J]. 中国工业经济，2016（2）：52-67.

[110] 余维新，熊文明 . 知识生态系统稳定性及其关系治理机制研究——共生理论视角 [J]. 技术经济与管理研究，2020（6）：31-35.

[111] 林勇，张昊 . 开放式创新生态系统演化的微观机理及价值 [J]. 研究与发展管理，2020，32（2）：133-143.

[112] 邱羚，曹如中 . 产业园区竞争情报服务链研究：功能模型及平台构建 [J]. 情报杂志，2018，37（5）：71-78.

[113] 刘秉镰，朱俊丰，周玉龙 . 中国区域经济理论演进与未来展望 [J]. 管理世界，2020，36（2）：182-194.

[114] 刘彦文，刘成武，何宗宜，等 . 基于地理加权回归模型的武汉城市圈生态用地时空演变及影响因素 [J]. 应用生态学报，2020，31（3）：987-998.

[115]Liu M，Meng W D，Yin F. The Health Care Effect of Four Forest Community Environments Based on Animal Behavior[J]. Revista Ctentifica-Facultad De Ciencias Veterinarias，2019，29（5）：421-436.

[116]Kozyk. Application of Lotka-Volterra Model for Description of Duopolistic-Duopsonic Competition[J]. Actual Problems of Economics，2017，104：1725460.

[117] 陈兰荪 . 数学生态学模型与研究方法 [M]. 2 版 . 北京：科学出版社，2017：57-66.

[118] 牛翠娟 . 基础生态学 [M]. 3 版 . 北京：高等教育出版社，2015：98-111.

[119] 岳军伟 . 辽东栎种群动态及其群落优势种生态位研究 [D]. 咸阳：西北农林

科技大学，2007.

[120] 马欣洋，李秋华，陈倩，等 . 生态调控后贵州花溪水库浮游植物群落结构的变化特征及影响因素 [J]. 环境科学研究，2020，33（3）：589-598.

[121] 宋晨晨，刘时彦，赵娟娟，等 . 基于功能特征的城市植物群落生态功能评价 [J]. 生态学杂志，2020，39（2）：703-714.

[122]Clowers K J，Will J L，Gasch A P，et al. A Unique Ecological Niche Fosters Hybridization of Oak-Tree and Vineyard Isolates of Saccharomyces Cerevisiae[J]. Molecular Ecology，2015，24（23）：5886-5898.

[123]Kluiving S J. How Geoarchaeology and Landscape Archaeology Contribute to Niche Construction Theory（NCT）[J]. Water History，2015，7（4）：557-571.

[124]Turnbull L A，Isbell F，Purves D W，et al. Understanding the Value of Plant Diversity for Ecosystem Functioning through Niche Theory[J]. Proceedings. Biological Sciences，2016，283（1844）：20160536.

[125]Chelazzi，Guido. Ecological Perspectives in Anthropology：from the Environmental Determinism-Negationism to the Niche Construction Theory[J]. 2017，XXXV（2）：123-139.

[126]Liu H X. Research on Development Strategy of Xiaomi Mobile Phone Based on Niches Theory[C]. Institute of Management Science and Industrial Engineering. Proceedings of 2018 4th International Conference on Innovative Development of E-commerce and Logistics（ICIDEL 2018）.Institute of Management Science and Industrial Engineering：Computer Science and Electronic Technology International Society，2018，39：313-322.

[127]Shao T，Zhao J，Liu A，et al. Effects of Soil Physicochemical Properties on Microbial Communities in Different Ecological Niches in Coastal Area[J]. Applied Soil Ecology，2020，150：103486.

[128] 朱春全 . 生态位态势理论与扩充假说 [J]. 生态学报，1997（3）：324-332.

[129]Odling-Smee F，Laland K N，Feldman M W. Niche Construction[J]. The American Naturalist，1996，147（4）：641-648.

[130] 尹德挺，袁尚. 新中国 70 年来人口分布变迁研究——基于"胡焕庸线"的空间定量分析 [J]. 中国人口科学，2019（5）：15-28.

[131] 杨静. 构建专业一体的社区养老体系 [N]. 中国社会科学报，2017-02-08（6）.

[132] Clark A D，Deffner D，Laland K N，et al. Niche Construction Affects the Variability and Strength of Natural Selection[J]. The American Naturalist，2020，195（1）：16-30.

[133] 佘冰，朱欣焰，呙维，等. 基于空间点模式分析的城市管理事件空间分布及演化——以武汉市江汉区为例 [J]. 地理科学进展，2013，32（6）：924-931.

[134] 国家统计局. 2017 年国民经济行业分类（GB/T 4754—2017）[EB/OL]. （2017-07-29）[2020-2-13]. http：//www.stats.gov.cn/tjsj/tjbz/hyflbz/201710/t20171012_1541679.html.

[135] 吴丹丹，马仁锋，张悦，等. 杭州文化创意产业集聚特征与时空格局演变 [J]. 经济地理，2018，38（10）：127-135.

[136] 陈妍，秦昆，桂志鹏，等. 基于工商企业注册数据的中国第二产业空间集聚研究 [J]. 辽宁工程技术大学学报（自然科学版），2018，37（3）：602-610.

[137] 刘禹君. 中国老龄产业市场化发展研究 [M]. 北京：社会科学文献出版社，2018：61-77.

[138] 李璐. 我国 70 年养老模式的变迁 [J]. 中国经贸导刊，2019（18）：44-46.

[139] 郭正模. 我国老龄产业成长的动力机制研究 [J]. 西南金融，2015（12）：8-11.

[140] 陈妍，秦昆，桂志鹏，等. 基于工商企业注册数据的中国第二产业空间集聚研究 [J]. 辽宁工程技术大学学报（自然科学版），2018，37（3）：602-610.

[141] 陈瑜，谢富纪. 基于 Lotka-Voterra 模型的光伏产业生态创新系统演化路径的仿生学研究 [J]. 研究与发展管理，2012，24（3）：74-84.

[142] 杨莹. 基于量子遗传算法的物流业与制造业共生阶段分析 [J]. 西北工业大学学报（社会科学版），2017，37（2）：69-73.

[143] 王子龙，谭清美，许箫迪. 企业集群共生演化模型及实证研究 [J]. 中国管理科学，2006（2）：141-148.

[144] 韩春花，姜子元，佟泽华，等. 复杂动态环境下产业集群知识协同能力评价研究 [J]. 科技管理研究，2019，39（23）：83-92.

[145] 刘颖，王洋.我国人口年龄结构对零售业发展的影响及动态特征 [J]. 商业经济研究，2019（16）：23-26.

[146] 王嘉怡.老龄化背景下养老金融发展问题研究 [J]. 时代金融，2019（20）：15-16.

[147] 党俊武.老龄金融是应对人口老龄化的战略制高点 [J]. 老龄科学研究，2013（5）：3-10.

[148] 耿诗雨，陈昱.浅谈老年餐饮业在新媒体时代下的发展前景 [J]. 中国市场，2017（30）：84-85.

[149] 于唱，徐宣国，徐秀梅.畜牧食品产业集群企业生态位测度及策略选择 [J]. 对外经贸，2018（12）：41-46.

[150] 姚慧丽，张耀东.高校本科教学质量生态位的突变级数评价分析 [J]. 黑龙江高教研究，2015（1）：13-15.

[151] 李粮.能源企业生态位评价及其对生态战略选择的影响——基于我国煤炭采掘类上市公司数据 [J]. 山西财政税务专科学校学报，2016，18（5）：51-55.

[152] 孙晓华，王林.范式转换、新兴产业演化与市场生态位培育——以新能源汽车为例 [J]. 经济学家，2014（5）：54-62.

[153] 徐雪松，刘人春，杨胜杰.基于突变级数的中国"城市矿产"产业生态系统评价研究 [J]. 中国人口·资源与环境，2017，27（S2）：14-16.

[154] 尹凡.基层食品安全监管执行力研究——基于 SEM 法的实证分析 [J]. 河北科技师范学院学报（社会科学版），2016，15（2）：7-12.

[155] 尹凡，张亚明，刘明，等.供给侧结构性视域下我国养老产业发展制约因素与战略抉择 [J]. 城市发展研究，2020，27（4）：1-5.

附　录

表 1-1　我国养老产业行业种群的相对密度（RF:%）

资源位	北京	天津	河北	山西	辽宁	吉林	黑龙江	上海	江苏	浙江	安徽	福建	江西	山东	河南	湖北	湖南	广东	广西	海南	重庆	四川	贵州	云南	均值
A	0.97	0	2.54	2.01	1.74	0	0	0	0	2.9	6.76	2.48	3.78	4.97	5.8	6.49	10.43	4.14	3.34	5.93	8.31	10.3	3.73	1.46	3.67
C	3.33	0.67	6.00	1.83	15.67	2.67	20.5	0.67	2.5	2.33	3.83	3.5	1.5	6.17	2.17	3.17	1.83	1.1	2.5	2.33	1.67	2.83	1.5	1.5	3.82
E	7.58	0.86	2.08	0.98	1.96	2.69	1.22	1.47	4.28	1.59	6.11	2.69	1.96	11	5.87	4.03	2.2	10.27	5.01	5.62	2.44	6.23	4.4	1.71	3.93
F	2.59	0.43	1.21	1.89	1.58	0	1.73	0.43	2.38	1.95	4.87	2.45	14.34	9.2	3.16	1.95	3.6	10.68	6.14	3.8	3.72	4.8	6.39	1.15	3.77
H	5.83	0.83	2.29	2.5	4.79	6.04	6.67	0.42	1.25	2.92	5.63	1.25	3.54	5.42	3.33	5	1.25	5.21	2.3	4.58	7.29	6.46	6.46	3.13	3.93
I	0.65	0	0	1.41	1.56	1.01	1.46	0.1	5.49	4.43	4.73	2.21	2.11	10.02	2.97	3.02	9.46	17.36	3.32	3.07	5.49	6.64	3.72	2.32	3.84
J	0.83	1.06	0	0.79	1.81	0.56	1.67	0.69	37.08	1.25	1.3	0.74	0.6	1.94	1.39	1.39	0.93	33.24	0.97	0.37	3.75	6.11	0.28	0.46	4.13
K	2.99	1.65	3.22	1.81	3.63	2.74	0.5	0.52	4.55	3.63	7.8	2.31	1.93	12.66	3.69	3.21	2.45	9.85	2.19	10.75	1.93	6.86	2.61	1.16	3.94
L	4.46	0	1.98	0.67	3.08	1.48	0	0	5.13	4.57	5.19	2.95	1.63	7.05	3.19	2.99	9.01	20.01	7.37	4.67	3.04	5.11	0.1	1.71	3.97
M	11.19	1.74	3.63	0.82	3.19	2.05	1.25	0	5.06	2.65	3.9	3.01	1.2	8.87	2.41	2.76	6.55	18.68	4.68	2.54	1.74	6.46	0.25	1.2	3.99
O	4.34	0	3.29	2.58	2.95	3.22	1.43	2.33	3.99	4.82	8	3	2.1	12.27	7.46	3.75	2.9	10.89	1.19	3.03	4.46	4.29	2.13	2.16	4.02
P	0.41	20.58	1.23	0.41	0	4.94	2.47	2.06	3.29	2.47	7.82	2.06	2.06	6.17	1.23	3.29	5.35	11.52	1.23	3.29	1.23	2.88	4.53	2.88	3.89
Q	7.12	2.81	5.02	2.8	4.81	4.04	0	1.87	6.78	5.42	5.12	3.42	2.21	10.25	6.69	3.81	5.59	4.38	1.3	1.5	4.75	6.19	0.61	1.61	4.09
R	16.61	2.93	2.4	0	1.37	1.2	0	1.03	1.54	5.31	2.57	2.91	1.88	7.71	2.22	3.42	3.08	21.75	2.74	4.62	1.03	4.11	1.54	1.2	3.88

表1-2　我国养老产业行业种群的相对优势度 (RD:%)

资源位	北京	天津	河北	山西	辽宁	吉林	黑龙江	上海	江苏	浙江	安徽	福建	江西	山东	河南	湖北	湖南	广东	广西	海南	重庆	四川	贵州	云南	均值
A	0.40	0.40	3.16	2.77	7.11	6.32	0.40	0	2.37	1.58	3.56	2.77	3.56	11.46	7.11	11.46	7.91	6.32	2.77	8.30	5.14	7.91	3.16	1.98	4.5
C	0	0	9.09	6.82	9.09	2.27	0	4.55	6.82	4.55	6.82	2.27	2.27	11.36	2.27	9.09	4.55	13.64	2.27	4.55	4.55	4.55	2.27	0	4.73
E	4.97	0.55	1.66	0.55	3.87	1.10	0.55	0.55	6.08	0.55	5.52	3.31	1.66	7.73	12.71	3.87	1.66	10.50	5.52	8.29	4.97	4.97	1.10	1.66	3.91
F	3.09	0	2.06	4.81	6.19	2.06	0	0.34	7.22	2.41	1.37	3.09	1.72	11.34	4.81	3.09	3.09	10.31	2.41	2.41	4.12	4.47	16.15	1.72	4.1
H	6.67	0	0	13.33	13.33	13.33	0	0	0	0	6.67	0	0	0	6.67	13.33	0	0	0	0	0	0	0	0	3.06
I	2.11	0	1.05	0	2.11	1.05	1.05	0	0	4.21	4.21	1.05	3.16	6.32	1.05	2.11	1.05	27.37	1.05	5.26	13.68	8.42	11.58	0	4.08
J	2.90	4.35	3.62	0.72	3.62	1.45	0	3.62	0.72	2.17	1.45	0	0	2.17	2.90	0.72	0.72	63.04	0.72	0	2.17	0	0.72	0.72	4.11
K	2.59	1.22	3.81	1.22	4.27	1.68	0.30	0.46	4.12	2.29	6.25	2.44	3.51	14.18	6.25	2.74	1.52	10.06	1.68	14.48	1.98	5.18	3.66	1.68	4.07
L	4.05	0.58	1.70	1.16	3.34	2.25	0.74	1.41	5.27	4.91	4.50	3.44	2.70	6.71	3.69	4.14	6.71	15.93	5.97	4.79	2.12	3.85	4.40	1.99	4.02
M	13.57	2.49	2.71	1.36	4.98	2.04	0.90	0.45	5.66	1.58	1.81	2.71	1.81	10.63	4.30	3.39	3.62	13.80	4.30	2.49	1.81	6.79	0.68	2.04	4
O	2.88	0	1.44	2.40	3.37	2.40	0.48	1.92	3.85	5.29	3.85	2.40	2.40	12.98	12.02	2.88	0.48	11.54	0.48	5.29	5.29	2.88	4.33	3.37	3.93
P	0	3.77	0	0	0	0	0	0	0	0	0	0	0	0	0	0	0	50	0	0	0	50	0	0	4.17
Q	8.26	1.74	4.93	2.03	8.12	3.62	1.88	2.17	6.38	6.09	4.20	2.90	1.88	12.32	5.22	2.03	3.62	4.49	2.46	3.04	3.19	4.49	2.03	2.90	4.17
R	9.43	0	0	0	1.89	0	0	0	1.89	7.55	1.89	5.66	0	7.55	0	5.66	0	28.30	1.89	1.89	1.89	5.66	5.66	1.89	3.85
均值	4.35	1.08	2.52	2.66	5.09	2.83	0.45	1.11	3.60	3.08	3.72	2.29	1.76	8.20	4.93	4.61	2.50	18.95	2.25	4.34	3.64	7.80	3.98	1.43	-

表 1-3　不同区域养老产业相对优势度分类

类型	分类标准	区域	得分（%）
高优势度组	>5	广东	18.95
		山东	8.2
		四川	7.8
		辽宁	5.09
较高优势度组	4~5	河南	4.93
		湖北	4.61
		北京	4.35
		海南	4.34
中等优势度组	3~4	贵州	3.98
		安徽	3.72
		重庆	3.64
		江苏	3.6
		浙江	3.08
低优势度组	<3	吉林	2.83
		山西	2.66
		河北	2.52
		湖南	2.5
		福建	2.29
		广西	2.25
		江西	1.76
		云南	1.43
		上海	1.11
		天津	1.08
		黑龙江	0.45

表1-4 我国养老产业行业种群的相对频度 (RA:%)

资源位	北京	天津	河北	山西	辽宁	吉林	黑龙江	上海	江苏	浙江	安徽	福建	江西	山东	河南	湖北	湖南	广东	广西	海南	重庆	四川	贵州	云南	均值
A	0.97	0	2.62	2.04	1.79	0	0	0	0	3.04	6.87	2.51	3.84	5.02	5.88	6.57	10.54	4.36	3.34	6.04	8.45	10.43	3.73	1.46	3.73
C	3.33	0.67	6.00	1.83	15.83	2.67	20.5	0.67	2.5	2.33	3.83	3.5	1.5	6.17	2.17	3.17	1.83	1.32	2.67	2.33	1.83	3	1.5	1.5	3.86
E	7.58	0.86	2.08	0.98	1.96	2.69	1.22	1.47	4.52	1.59	6.48	2.81	2.2	11.98	5.87	4.03	2.2	10.51	5.13	5.62	2.57	6.48	4.4	1.71	4.04
F	2.59	0.43	1.21	1.89	1.58	0	1.73	0.43	2.38	1.95	4.95	2.55	14.63	9.33	3.16	2	3.68	10.71	6.18	3.84	3.72	4.83	6.64	1.19	3.82
H	5.83	0.83	2.29	2.5	4.79	6.04	6.67	0.42	1.25	2.92	5.63	1.25	3.75	5.42	3.33	5	1.25	5.42	2.3	4.58	7.71	6.46	6.46	3.13	3.97
I	0.65	0	0	1.41	1.56	1.06	1.46	0.1	5.49	4.58	4.83	2.21	2.16	11.12	3.17	3.07	14.75	17.51	3.32	3.12	5.69	6.64	3.72	2.32	4.16
J	0.83	1.06	0	0.79	1.81	0.56	1.67	0.69	37.08	1.25	1.3	0.74	0.6	1.99	1.39	1.39	0.93	33.75	0.97	0.37	3.75	6.11	0.28	0.46	4.16
K	3.05	1.71	3.42	1.86	3.73	2.85	0.54	0.52	4.73	3.71	7.86	2.35	1.95	12.94	3.75	3.23	2.45	9.85	2.21	10.91	2.01	7.22	2.65	1.22	4.03
L	4.55	0	2.01	0.67	3.16	1.5	0	0	5.24	4.62	5.24	2.97	1.65	7.11	3.21	2.99	9.04	20.12	7.4	4.69	3.1	5.24	0.1	1.76	4.02
M	11.54	1.89	3.79	0.87	3.21	2.07	1.27	0	5.17	2.65	3.9	3.01	1.2	8.89	2.41	2.79	6.55	18.88	4.68	2.54	1.78	6.66	0.25	1.23	4.05
O	4.41	0	3.29	2.58	2.95	3.22	1.43	2.39	3.99	4.86	8.11	3.02	2.1	12.44	7.51	3.75	2.9	11.01	1.23	3.03	4.52	4.38	2.13	2.2	4.06
P	0.41	20.58	1.65	0.41	0	5.35	2.47	2.47	3.7	2.47	7.82	2.06	2.06	6.17	1.23	3.29	5.35	12.35	1.23	3.29	1.23	3.29	4.53	3.29	4.03
Q	7.2	2.85	5.19	2.97	4.93	4.08	0	1.91	6.97	5.49	5.23	3.42	2.23	10.45	6.76	3.84	5.63	4.38	1.32	1.5	4.9	6.36	0.61	1.66	4.16
R	16.61	2.93	2.57	0	1.37	1.2	0	1.03	1.54	5.31	2.57	2.91	1.88	8.22	2.22	3.42	3.08	23.28	2.74	4.79	1.03	4.28	1.54	1.2	3.99
均值	4.35	1.08	2.52	2.66	5.09	2.83	0.45	1.11	3.60	3.08	3.72	2.29	1.76	8.20	4.93	4.61	2.50	18.95	2.25	4.34	3.64	7.80	3.98	1.43	-

表 1-5　我国养老产业行业种群生态位宽度 $P_{ij}(\%)$

资源位	北京	天津	河北	山西	辽宁	吉林	黑龙江	上海	江苏	浙江	安徽	福建	江西	山东	河南	湖北	湖南	广东	广西	海南	重庆	四川	贵州	云南
PAj	0.01	0	0.03	0.02	0.04	0.02	0	0	0.01	0.03	0.06	0.03	0.04	0.08	0.07	0.09	0.10	0.05	0.03	0.07	0.08	0.10	0.04	0.02
PCj	0.02	0	0.07	0.04	0.14	0.03	0.14	0.02	0.04	0.03	0.05	0.03	0.02	0.08	0.02	0.05	0.03	0.05	0.02	0.03	0.03	0.03	0.02	0.01
PEj	0.07	0.01	0.02	0.01	0.03	0.02	0.01	0.01	0.05	0.01	0.06	0.03	0.02	0.11	0.09	0.04	0.02	0.11	0.05	0.07	0.04	0.06	0.03	0.02
PFj	0.03	0	0.02	0.03	0.03	0.01	0.01	0	0.04	0.02	0.04	0.03	0.11	0.11	0.04	0.03	0.04	0.11	0.05	0.04	0.04	0.05	0.10	0.01
PHj	0.07	0.01	0.02	0.07	0.09	0.10	0.05	0	0.01	0.02	0.07	0.01	0.03	0.04	0.05	0.09	0.01	0.04	0.02	0.03	0.06	0.05	0.05	0.02
PIj	0.01	0	0	0.01	0.02	0.01	0.01	0	0.04	0.05	0.05	0.02	0.03	0.09	0.02	0.03	0.09	0.21	0.03	0.04	0.09	0.07	0.07	0.02
PJj	0.02	0.02	0.01	0.01	0.02	0.01	0.01	0.02	0.25	0.02	0.01	0	0	0.02	0.02	0.01	0.01	0.44	0.01	0	0.03	0.04	0	0.01
PKj	0.03	0.02	0.04	0.02	0.04	0.03	0	0.01	0.05	0.03	0.08	0.02	0.03	0.14	0.05	0.03	0.02	0.10	0.02	0.13	0.02	0.07	0.03	0.01
PLj	0.05	0	0.02	0.01	0.03	0.02	0	0	0.05	0.05	0.05	0.03	0.02	0.07	0.03	0.04	0.09	0.19	0.07	0.05	0.03	0.05	0.02	0.02
PMj	0.13	0.02	0.04	0.01	0.04	0.02	0.01	0.02	0.06	0.02	0.03	0.03	0.01	0.10	0.03	0.03	0.06	0.18	0.05	0.03	0.02	0.07	0	0.02
POj	0.04	0	0.03	0.01	0.03	0.03	0.01	0.02	0.04	0.05	0.07	0.03	0.02	0.13	0.09	0.04	0.02	0.12	0.01	0.04	0.05	0.04	0	0.03
PPj	0	0.14	0.01	0	0	0.04	0.02	0.02	0.02	0.02	0.05	0.01	0.01	0.04	0.01	0.02	0.04	0.25	0.01	0.02	0.01	0.19	0.03	0.02
PQj	0.08	0.02	0.05	0.03	0.06	0.04	0.01	0.02	0.07	0.06	0.05	0.03	0.02	0.11	0.06	0.03	0.05	0.04	0.02	0.02	0.04	0.06	0.01	0.02
PRj	0.15	0.03	0.02	0	0.02	0.01	0	0.01	0.02	0.06	0.02	0.04	0.01	0.08	0.02	0.04	0.02	0.26	0.03	0.04	0.01	0.05	0.03	0.02

表 1-6 我国养老产业行业种群突变级数法评价量化值

行业种群	B11	B12	B13	B21	B22	B31	B32	B33	B34	A1	A2	A3	T
A 农林牧渔业	0.82	0.29	0.46	0.41	0.02	0.20	0.26	0.64	0.50	0.80	0.46	0.71	0.86
C 制造业	0.80	0.31	0.42	0.42	0.01	0.26	0.35	0.62	0.47	0.79	0.43	0.74	0.86
E 建筑业	0.80	0.32	0.42	0.42	0.05	0.27	0.35	0.62	0.47	0.79	0.51	0.74	0.87
F 批发和零售业	0.80	0.32	0.42	0.42	0.04	0.27	0.34	0.63	0.47	0.79	0.50	0.74	0.87
H 住宿和餐饮业	0.80	0.29	0.41	0.40	0	0.35	0.35	0.60	0.53	0.79	0.32	0.76	0.84
I 信息传播、软件和信息技术服务业	0.80	0.32	0.42	0.42	0.06	0.26	0.34	0.62	0.47	0.79	0.52	0.74	0.87
J 金融业	0.80	0.29	0.44	0.44	0.01	0.29	0.34	0.62	0.49	0.79	0.44	0.75	0.86
K 房地产业	0.80	0.28	0.43	0.43	0.01	0.29	0.34	0.62	0.49	0.79	0.44	0.75	0.86
L 租赁和商业服务业	0.80	0.30	0.41	0.43	0.02	0.28	0.35	0.63	0.47	0.79	0.46	0.75	0.86
M 科学研究和技术服务业	0.80	0.31	0.41	0.38	0.07	0.29	0.29	0.61	0.44	0.79	0.51	0.73	0.87
O 居民服务、修理和其他服务业	0.81	0.23	0.35	0.55	0	0.26	0.28	0.64	0.46	0.76	0.37	0.73	0.84
P 教育业	0.80	0.32	0.42	0.43	0.03	0.24	0.35	0.63	0.47	0.79	0.48	0.74	0.87
Q 卫生和社会工作	0.80	0.29	0.42	0.44	0.01	0.28	0.36	0.62	0.49	0.79	0.44	0.75	0.86
R 文化体育和娱乐业	0.80	0.30	0.42	0.43	0.02	0.28	0.35	0.63	0.47	0.79	0.46	0.75	0.86

后　记

本书是以作者博士论文为基础进一步延伸完善而成的。选题源于作者博士生导师张亚明教授的河北省重点培育智库河北数字经济与康旅文化产业研究院项目"京张体育文化旅游带高质量协同发展研究"（HB21ZK09）和笔者工作单位河北环境工程学院的青年拔尖人才培育项目。

在写作本书过程中遇到很多困难，衷心感谢恩师张亚明教授给予指导和激励。导师超前的站位、敏锐的思维、渊博的学识、开拓创新的治学追求、求真务实的工作态度、严谨细致的研究作风，都为我树立了一生学之不尽的榜样。我不仅从导师那里学习到了学术研究思路和方法，更重要的是还学到了关注重大现实需要的家国情怀和踏实做人做事的精神。能够成为您的学生，是我的幸运。

本书能够完成，还要感谢燕山大学经管学院的翁钢民教授、李春玲教授、于维洋教授、郭伟教授、宋之杰教授、王玖河教授和房俊峰老师给予我的指导和关心帮助，特别感谢我的硕士导师仵凤清教授，在工作和生活中给予我的启发和引导，给我鼓励与信心。感谢我的师兄妹刘海鸥教授、苏妍源副教授、高林，是你们不厌其烦地给予帮助使本书得以顺利完成。

在本书的写作过程中，还参考了大量专家学者及同行的文献资料，在此一并感谢。囿于本人理论水平和专业能力有限，书中难免有疏漏或不当之处，恳请各位专家学者和同人不吝赐教、批评指正。

尹凡

2022 年 7 月